どんとこい！労働基準監督署

社会保険労務士
河野 順一
Kono Junichi

風詠社

はしがき

1 人が集まるところ、トラブルあり

人が集まるところ、何が原因でトラブルに発展するかわかりません。

これは、会社も同じです。

配転命令に従わない従業員、長期間にわたり無断欠勤する従業員、いくら注意してもセクハラを繰り返す従業員、メンタルになり、休職、出社を繰り返す従業員。近時大きく取り上げられるのは、時間外労働をしたとして未払い残業代を請求してくる従業員。はたまた、解雇を巡り不当解雇を訴えてくる従業員。

挙句の果て、裁判に発展することも珍しくありません。

2 行政は労働者の味方

こうしたトラブルが発生した際、よりどころになるのは、**事実と証拠**です。いかに自分の主張を、客観的に、第三者（ここでは裁判官を想定しています）にアピールできるかに

かかっています。

少々厄介なのは、労働者が監督署に救いを求め、駆け込んだときです。

本来行政は、労使トラブルに立ち会う際には、**公正中立に対応**しなければならないはずですが、実際には100％労働者の味方といっても過言ではありません。仮に、労働者が辞めた会社に対して嫌がらせをする目的で申告をしたとしても、監督署が形式的に調査の必要があると判断すれば、会社へ臨検調査に訪れます。

3 調査の先の是正勧告には、必ず従わなければならないか

監督署の**臨検調査**の後、**是正勧告**が出されることがあります。行政のすることだから間違いないと信じる会社は、すべて従わなければならないと思い、その通りに是正することが少なくありません。

たとえば、労働者が残業代の未払いがあるとして監督署に申告をしたとしましょう。監督署は、臨検調査を行った結果、タイムカードの打刻時刻から未払い残業代があるとして**時効にかからない2年間**（令和2年4月から、民法の改正により3年）の支払いを命じました。このとき、命じられた会社は、言われるままに支払ってしまいました。

しかし、この場合、必ずしも支払う必要はないのです。（ここで誤解を受けないように

言明しておきますが、筆者は、いかなる場合にも未払い残業代を支払わなくてもいいと言っているものではありません。使用者が労働者に対して時間外労働を命じて、労働者が労務を提供した時間については、当然に支払う義務があるからです。）

話を戻します。

会社はなぜ、労働基準監督署の命令に従わなくてもよいのでしょうか？

答えは簡単です。**監督署は、会社に対して未払い残業代を支払えとは命令できない**からです。つまり、そうした権限がないからなのです。

それでは、**未払い残業代を支払えという権限があるのは何処**なのでしょうか。

答えは、裁判所です。

したがって、裁判所でない労働基準監督署は、「未払い残業代を支払え」等と言ってはならないのです。

くれぐれも、皆さんは義務なき事にもかかわらず、それを義務と勘違いしないでください。

4　本書で取り上げる4つの事案

本書では、数ある労務トラブルのうち、未払い残業代と解雇に関する問題にスポットを当て、労働基準監督官とのやり取りを、物語風に読みやすく4部仕立てで解説しました。

「パートⅠ　労働基準監督官の権限と是正勧告」

顧問先のスーパーに労働基準監督官が臨検調査にやって来た。傍若無人な労働基準監督官に対し、社会保険労務士が、理論武装で対峙する物語。監督官の権限はどこまでか、タイムカードの打刻時刻で未払い残業代を計算できるのか？

「パートⅡ　社会保険労務士の怒り」

パートⅠの続編。何が何でも是正勧告で命令をしようとする労働基準監督官に対して、社会保険労務士の矜持が燃える。行政行為と是正指導の違いを理解していない労働基準監督官に対して、説示するシーンは圧巻。通達では国民を縛れない、民事不介入の原則など、わかりやすく解説する。

「パートⅢ　臨検調査後の強制捜査」

「労働基準法違反の罪について、刑事訴訟法に規定する司法警察官の職務を行う」とする労働基準監督官は、どのような流れで強制捜査をし、警察や検察とどのようなやり取りをして裁判に持ち込むのか。

誰も書いたことがない臨検調査のその先が手に取るように理解できるストーリー。労働基準監督官の、司法警察官としての立ち位置を知る。

「パートⅣ　弁の立つ社労士が、労働基準監督署で吠える」

労働基準監督官のマドンナ、正義の女神テミスこと、佐藤江梨子監督官と、敏腕社労士との舌鋒鋭い意見の衝突、意地の張り合いの中から、意外な真実が見えてくる。解雇をめぐる監督官と社労士の小気味よい会話の中から、労働者性を巡る解雇事件の扱いを学ぶことができる。

他に類書がないストーリーは、読後、読み手にさわやかな心地よさを残す絶品です。今後、労働者の立場からの事件も取り上げる予定です。

5 結語

本書は前述のとおり、不当に国民の自由を制限し、権利を侵害する行政の越権行為から身を守るために、一般の人が理解しやすいよう、難解な法律用語を、小説仕立てに構成して解説し、しかも口語体で身近な問題として取り上げました。新しい切り口の本書は、多くの中小企業の経営者の方、会社の人事労務の担当者の方、社会保険労務士、その他弁護士をはじめとする士業の方における、日々の業務の一助となるものと確信しております。いつ、自身の身に降りかかってくるかもしれぬ禍に、真摯に向き合う本書は、必ずや、行政の不当な命令から会社を守るバイブルとなることでしょう。

最後に、本書の出版に際して風詠社の大杉剛様、編集部の方々、また日本橋中央労務管理事務所の皆さんには、大変お世話になりました。さらに、日頃から私の講演、講義を聴いてくださる皆様、拙著発刊のたびに購読してくださる全国の暖かい読者の皆様に、深謝申し上げる次第です。

令和2年11月吉日

河野　順一

目次

パートI

労働基準監督官の権限と是正勧告

Gnothi Sauton
「汝自身を知れ」

Cogito,ergo sum
「我思う故に我あり」

1 新橋労働基準監督署へ

風が止まって紫陽花と梔《くちなし》の花が色づきはじめ、1年中で一番気持ちのよい季節がくる。梅雨にはちょっと早い季節。これは、私が過去、経験した話である。

その日、私は、新橋労働基準監督署に向かっていた。同署に到着した私は、受付の職員に、監督官の名を告げ席へ案内してもらった。

「初めまして。監督官の児玉さんですか?」

児玉労働基準監督官に向かって言った。

「そうですが、あなたは?」

監督官は、ちょうど分厚い本を机の上に広げて、是正勧告書と思われる書類綴りに視線を落していたが、怪訝そうに顔をあげ、かけていた老眼鏡のすき間から、ジロリと一瞥した。私は、児玉労働基準監督官に自分の名刺を差し出した。

「社労士の河野といいます。株式会社大谷スーパーの是正勧告の件でうかがいました。」

と言いながら、私は彼のデスク前に畳まれ置かれていた、来客用のパイプ椅子を見つけ、それを開いて、おもむろに腰をおろした。

周囲はこうした私の行動を見て、さぞ図々しい人間だと思うだろうが、このようなケースで、監督官から椅子を勧められることは、まずない。したがって、「座る」ということは、これから長丁場になるであろう舌戦を想定し、体力温存のために行う戦略の一つなのである。

児玉監督官は、メタルフレームのメガネをかけ、髪を短く刈り込んだ逞しい面構えの40代後半の労働基準監督官であった。尊大な物言いと、ふてぶてしい態度には、権力の権化といった風貌が滲み出ている。なるほど、児玉監督官は得てして悶着を起こしやすい人物だから警戒しろと、近隣の社労士の間では芳しくない噂がたっていたことに合点がいく。

私の顧問先である株式会社大谷スーパーにしても、児玉労働基準監督官に立ち入り調査をされたことは、不運というよりほかなかった。

大谷スーパーが受けた「**是正勧告**」とは、労働基準監督官が必要に応じて事業場に立ち入り、法違反の有無を確認し、違反があれば、使用者にその旨を伝え、是正を促すことをいう。**労働基準監督官**は**司法警察官**としての身分を有するので是正勧告を受けたままにしておき、これを放置した場合や悪質な場合に、事業主は書類を送検されたり、場合によっては逮捕されることもあるから、厄介だ。

2 申告による臨検と是正勧告

過日、私の顧問先である株式会社大谷スーパーの労働者が残業代の不払いを理由に労働基準監督署に申告したのであった。このため監督官が来社して同社の就業規則、36協定、タイムカード、賃金台帳等の提出・閲覧・開示を求めたのである。監督官はこれらの書類を調査し、くわえて、役所の要請に応じ使用者に事情聴取がなされた。その結果、是正勧告書がその場で作成され、使用者に署名押印が求められ、そして過去2年分に遡り、残業代の支払いを監督官から命じられたのである。ちなみにこの顧問先会社は、前任の社労士が杜撰な処理をしていたため、是正勧告を受ける結果となり、どうにもならなくなったその後、私が引き継いだ会社だ。

労働基準監督官の児玉は、私を見下すかのような眼で見つめながら言った。

「是正勧告の件とは？」

「去る×月××日、私の顧問先である株式会社大谷スーパーが、あなたから、いや児玉監督官から、**労基法37条1項**違反について是正勧告を受けました。そこで、現在、是正に向けて対策を講じていますが、児玉監督官の指定する期日までには、どうしても是正することができないので、延期をしてもらえないかということで相談にうかがったのですがね。」

労基法37条1項違反とは、週40時間、1日8時間を超えて労働させた場合に、通常の労働時間の賃金を2割5分以上の率で計算して割増賃金を支払わなければならないという定めに違反したことをいう。

監督官の児玉は言った。

「ああ、大谷スーパーね……しかし、もう少し待て？　待てって、いつまで？」

「2カ月位待って欲しいんですがね。」

監督官は首をかしげながら、

「いや、それは長いよ。河野さん。」

と言いながら、児玉監督官は帳簿から株式会社大谷スーパーの是正勧告書の控えを探し出し、私の目の前に置いた。是正勧告書には是正・改善内容のほか、会社の名称、代表者職氏名などの属性に関する事項、会社の違反事項、会社の違反法令条項、是正完了年月日等を記載することになっている。

児玉監督官は、是正完了日の期日のところに人差指で示しながらこう言った。

「あのね、河野さん。是正指定期日は、明日だよ！　3カ月もあったのに、まだお宅の顧問会社は是正報告書を提出してこないんだよ。引き延ばしは悪質だね。あなたも社労士さんなら、当然ご存じのとおり、是正勧告を受けたときには、これを放置したり、悪質な場合には、**書類送検**をすることもあるんだよ。場合によっては、逮捕もありうるんだよね、これが。」

児玉監督官は、「逮捕もありうるんだ」というところに強くアクセントを置いた。

私は言った。

「それじゃ、まるで強迫だな！」

「いや、強迫じゃないよ。事実を言ったまでだよ。」

たしかに、労基法には、法違反に対する罰則規定（懲役又は罰金）が設けられており、①重大な法令違反がある場合、②きわめて悪質な場合、③社会的影響が大きい場合、④是正勧告を受けたにもかかわらず、一向に改善の意思が見られない場合、⑤被害者等が公訴・告発した場合には、労働基準監督官から検察に送検されることがある。したがって、事業主は是正勧告や指導票を受けたら、速やかに違反事項を改善して、是正勧告書を提出するのが賢明なのである。

しかし、やむを得ない事情により指定期日までに是正報告書を提出できない場合には、理由を告げて期日後に提出することができる。

私は言った。

「ちょっと、待った。是正期日だって**やむを得ない理由**があれば、延期することは認められるはずだが？」

児玉監督官は、じろりと疑い深げな視線を私に投げかけた。そして、こう言った。

「やむを得ない理由とは何なのか？」

私は声を低めながら答えた。

「やむを得ない理由には、３つあります。まず、１つは、タイムカードは出勤と退勤を確認するものであるから、時間外労働時間数はタイムカードだけでは算定ができない。また打刻忘れ等の記録不備等により労働時間を確定するのが困難なケースがある。したがって、監督官が求めている対象期間が2年間と長期にわたっているので、時間外労働時間の算出作業に時間がかかること。２つ目は、支払い金額が多額となるため資金繰りに時間がかかること。」

ここまで私は一気にまくしたてた。

しかし、児玉監督官は眼だけで笑いながら、

「それで？　3つ目は何かね！」

監督官の人を馬鹿にしたような言い方に、私はむきになった。

「3つ目は、労働者との個別協議に、時間がかかるということです。」

「なるほどね。」

私は、続けた。

「ところで、児玉さん。時間外労働時間の対象期間なんだけど、いくらなんでも2年というのはきついんで、6カ月位にまけてくれませんかね。」

監督官は背もたれから身を乗り出してこう言った。

「それはまけられないね。」

私は首を傾けながら言った。

「なぜですか。」

監督官は表情を硬くして、こう言った。

「この会社は、以前にも同様なことで是正勧告を受けていながら、一向に改善しようとしないきわめて悪質な会社なんだよ。」

たしかに、株式会社大谷スーパーは、今から3年前にも是正勧告を受けていて、監督官はこのことを言っているのである。

私は監督官に向かって言った。

「しかし、それはもう解決しているんじゃないの？」

これに対して、監督官は、軽い咳払いをしながら言った。

「解決とは？」

「大谷スーパーは、3年前、店舗で発生した労働者の転倒事故調査の折、貴職より37条違反として今回と同様の是正勧告を受け、是正期日を同年の8月30日とされましたよね。しかし、額が大きくて経営を左右するほどのものだったため、**是正報告書**に『現状では支払いは非常に困難なので、ご指摘のとおり、**労基法32条**の是正内容の通り今後は改善してまいります』と書いて提出しているわけですよ。」

私は監督官の机の上に、3年前の是正報告書を置いた。そして、めざす箇所を指しながら説明をした。

監督官はその書類に視線を落としていた。

私は続けた。

「この報告書に対して、貴職からは何らの回答もなく、その後の指導もないままに現在に至っている。そのために、同社はできるだけのことをやったので、それで許されたのかと理解していた。つまり、一定の是正義務を果たしたと認識していたわけです。だから同社は、当該是正勧告に対する報告書提出義務を果たしているのだから、この点においては何ら違法性はなく、貴職からその後の指導がないことで、同社の要望が受け入れられたのだと理解したことに無理からぬことがある。つまり、指導事項である過去に遡って残業代の支払いをしていないことに故意も悪意もない。」

私は、熱っぽくまくしたてた。

監督官は顔色ひとつ変えずにこう言った。

「河野さん。責任を転嫁してもらっては困るよ。あなたの話を聞いていると、まるで、こちらに手落ちがあるかのように聞こえるがね。」

私は言った。

「はっきり言って、手落ちがあると思う。なぜなら、前回の是正報告書提出後、貴職から何の指導もなかったのだから、急に3年前の話を持ち出されて、きわめて悪質だと一方的に決めつけられては困る。」

児玉監督官はしばらく黙って聞いていたが、やがて口を開いた。

3 是正勧告による未払い残業代の支払いは2年遡れるか

「河野さん。要は、時間外労働時間の対象について遡りの2年間はきついから6カ月位にしろ、とこういうことなんだね。そのためにいろいろと私に難くせをつけているわけだ。」

私は困惑した。「難癖をつけている」の部分は当たらないが、その他の部分につき、いきなり監督官から核心を突かれたため、すぐにそうだとは言えなくなってしまった。私はどのように答えてよいのか、思案していた。こんなときに、拝みたおすような真似をすればかえってまずい。お涙頂戴の浪花節は、監督官には通じないのである。かえって監督官の心証を悪くするだけだ。ここはあくまで筋を通し、理論で攻めなければならない。私は、監督官の顔を覗き込むようにして口を開いた。

「それではお聞きしますが、児玉監督官。……2年間という根拠は何なんですかね。」

児玉監督官は、社労士のくせして、そんなことも知らないかとでも言いたげに、眉根を寄せた。

「根拠、根拠はね。**労基法115条**の**賃金請求権の時効**が2年だからだよ。」

私はしらばっくれて監督官にたずねた。

「誰の賃金請求権なんですかね？」

監督官は、私を蔑むかのような物言いをした。

「労働者に決まっているじゃないか。」

「ちょっと待った。それはおかしい。」

「何がおかしいんだね？」

「今回の是正勧告は定期監督に基づく臨検によるものなんですか、それとも申告監督に基づく臨検によるものなんですか、どちらなんです。」

私は、監督官が、この問いにどう答えるかを待った。

4 臨検の種類

「**臨検**」には、主として「**定期監督**」、「**申告監督**」、「**災害時監督**」、「**再監督**」の４つがある。このうち「**定期監督**」とは、労働局および労働基準監督官が定めた年度業務計画（労働行政方針）に基づき、その年度の行政課題に見合った事業場（工場、事務所、商店、建設現場等）を選び定期的に臨検監督（立ち入り調査）をすることをいう。臨検では、その年度、業種等の行政課題としている項目のほか、労働条件、安全衛生対策など全般について書類での確認、就労現場の安全衛生措置のチェック、事業主や管理監督者、パート、派遣社員等からの聴き取り等を行う。

書類での確認は、就業規則、労働者名簿、賃金台帳、各種労使協定書、労働条件通知書、健康診断、結果報告書等を中心に行い、問題点の有無をチェックする。

これに対して「**申告監督**」とは、労働者などが行政庁に対して事業場の違反事実を通告し、監督機関の行政上の職権発動を促すことである（**労基法104条1項**）。これを**申告権**という。労働基準監督官が申告に応じて、監督権を行使する場合は、出頭通知書を当該事業場に対して送ってくる。しかし、申告監督については調査をするかしないかは、監督官の**裁量**で行われる。監督官の人数の制約もあることから、すべての申告に対して行われているわけではない。

この申告権は、近年は過労死の多発等により、これを心配する労働者の家族にも認められるようになり、政府は、労働者の家族などから同法違反の事業場に関する情報が寄せられた場合には、情報の内容、緊急性などを考え合わせ、事業場に対し監督指導を実施することを明らかにしている。これにより、この申告権は、サービス残業（ただ働き）の根絶や、長時間の規制などにも一役買うことになりそうである。

　また、使用者は、申告権の行使を理由に労働者を解雇したり、不利益な扱いをすることは許されない（**労基法104条2項**）。「**不利益な扱い**」とは、解雇のほか、昇給、昇進、昇格について他の者に比べて不利益な取扱いをすることをいう。この規定は強行規定であり、企業が不利益な扱いをすると、その効力は無効とされる。「**強行規定**」とは、**当事者の意思によっても排除できない規定**のことをいう。たとえば**労基法24条**は「賃金は、通貨で、直接労働者にその金額を支払わなければならない」と規定しているが、十分な説明がないまま契約により使用者が労働者と賃金の放棄を定めたとしても、本条に違反するため無効とされる。これに対して「**任意規定**」とは、**当事者の意思によって排除できる規定**のことをいう。たとえば、当事者が労働基準法の基準より労働者に有利な取り決めをした場合には、その当事者の意思が優先する。

　民法は、最低限のルールは強行規定として定め、それ以外は任意規定として当事者の意思を尊重している。なお、どのような規定が任意規定で、どのような規定が強行規定であるかは、それぞれの条文の存在理由や趣旨によって決まる。

　児玉監督官はすばやく反応した。

「申告による臨検だよ。」

「会社としては、思いあたるふしがないと言っているんですがね。」

「それって、どういうこと？」

「申告するような労働者は、会社にはいないということですよ。」

私は続けた。

「そもそも、調査の目的は何なんですかね。」

児玉監督官は、ちょっと考え込むような顔をして言った。

「労働者からの**労基法37条違反**の申告があったんだよ。」

「労働者から、時間外割増賃金の請求があったということですか？」

児玉監督官は頷いた。

「そうだね。」

「その労働者って、誰ですかね。」

「名前は教えられないよ。**守秘義務**があるんでね。」

労基法105条には労働基準監督官の義務として「**労働基準監督官は、職務上知り得た機密を洩らしてはならない。労働基準監督官を退官した後においても同様である。**」と規定されている。

「わかりました。いずれわかることだから、今は、お名前を聞きません。ただ、もう一度確認をしておきたいんですがね。」

私はちょっと間を置いて、さらに続けた。

「今回の調査目的は、労働者の申告による臨検ということでよろしいんですよね。」

児玉労働基準監督官は噛みつくような口調で言った。

「そうだよ。あんたもしつこいよ！」

私は、児玉労働基準監督官のこの一言に、持ち前の正義感を激しく掻き立てられた。相手から高飛車に出られると反射的に抵抗したくなるのが、生まれついての性格である私は、烈しく意見を吐いた。

5 時間外割増賃金の請求は私法上の権利

「児玉監督官。今回の調査目的は、大谷スーパーが従業員に時間外労働をさせていたにもかかわらず、**時間外割増賃金**を支払わなかった。だから従業員の申告に基づいて監督署が会社に臨検した。このように理解しているんですが、それでよろしいですよね。」

児玉監督官はちょっと考え込むような顔をして言った。

「そうだよ。それがどうかしたのかね。」

私は言った。

「この度の臨検の調査目的が、従業員の申告による時間外割増賃金の請求ならば、申告した従業員が大谷スーパーに対して、時間外割増賃金を請求することのできる権利を有しているということになるんですよね。」

「そういうことだね。」


私は続けた。

「でも、会社は時間外割増賃金を従業員から請求される覚えがないと言っているんですよ。そうなると、この問題は、従業員と会社との民事上の問題ということになるんですがね。」

「あんたは、何を言いたいのかね。」

「つまり、本件の場合は、**従業員の会社に対する時間外割増賃金の請求権の存否**が問題となるんですよ。だとすれば、時間外割増賃金を請求する従業員の方で、請求を基礎づける具体的事実と証拠を提出しなければいけないと思うんですね。監督官、考えてもみてください。


仮に、ある会社は、時間外労働を含め、労働時間をしっかり把握して、賃金台帳もしっかり調整していたとしましょう。しかし、労働者は、時間外労働手当が未払いだと主張する。そうした場合、会社は、賃金台帳に記載されている当該労働者の時間外労働に従事したとされる時間どおりに、残業手当が支払われているかどうか確認することはできます。しかし、会社が把握している時間以上に、残業をしていたとする証拠は会社も持っていないわけです。

そうであるにもかかわらず、あくまでも労働者が支払われた賃金以上に時間外労働をしていたというならば、時間外労働をしていた証拠は、残業代という恩恵を被る労働者が提出すべきなのではないですか……ということですよ。

そもそも、ここで問題となっている時間外割増賃金の請求自体は、私法上の権利、私人間の権利義務なわけですから、こうした権利・義務の解決の仕方は、当事者が自主的にするのが望ましいのではないかということです。すなわち、もともとの権利自体が私的自治に任されている権利なわけですから、解決は、まず当事者に委ねるべきでしょう。」

監督官が、呆れた声を出した。

「当事者で解決できないから監督署に訴えてきたんでしょう。」

「会社は、従業員から時間外割増賃金の請求を受けていないんですよ。解決のしようもないでしょう。会社は労働者からの請求があれば、解決に向けてその労働者といつでも話し合いますよ。これは、れっきとした民事の問題なんだから。」

不思議そうな顔をしている監督官を見据え、私はさらに続けた。

「監督官は労基法37条違反の疑いがあると言いますがね。**37条の時間外労働に対する割増賃金が発生するためには、第1に使用者が従業員に対して時間外労働を指示した事実があること、第2に従業員がこれに応じて実際に時間外労働を行っていること、第3に法定の計算根拠による然るべき金額の算出されていること、第4に使用者が従業員から時間外割増賃金の請求をされていること**などが必要です。会社は、従業員からこのような請求をされていません。したがって、会社が監督署から37条違反の疑いがあるから、関係書類を持って出頭するようにとの命令を受けることは、実に心外というほかない。」

児玉監督官は気色ばんだ。

私は堂々と自分の意見を開陳した。私の陳述を聞かされるうちに、児玉監督官の顔つきが強張った。眉毛が、ピクッ、ピクッと痙攣を起こしているかに見える。内心の動揺を努めて表情に出すまいとして、必死に努力しているのだろう。

監督官の表情を見ながら、私はさらに解説を加えた。

「今回の是正勧告は、労働者の申告による臨検であり、したがって、労働者側の一方的な言い分だけを鵜呑みにして、監督官が代わって割増賃金の支払いを命令するのはすこぶる疑問である。」

6 監督官は割増賃金の支払いを命令できるか

私は、カバンから労基法解釈総覧・改訂13版（労働調査会）を取り出し、それを机の上に置いた。私はめざす箇所を見つけて、監督官にそれを見せた。そこには、次のように書かれてあった。

「賃金の支払い規定は、労働者本人以外の者に支払うことを禁止するものであり、労働者の親権者その他の法定代理人に支払うこと、労働者の委任を受けた任意代理人への支払いはできないが、使者に対して賃金を支払うことは差し支えない（昭63・3・14　基発150号）。」

たとえば、労働者が病気欠勤中に妻子が賃金の受領を求める場合など、**使者**に対する支払いは認められている。

児玉監督官がこの通達を知らないはずはないのだが、私はあえて通達の書かれた場所を示した。何はともあれ、ここで監督官の注意を喚起し、私が株式会社大谷スーパーの代理人として、本件の是正勧告については、全身全霊で取り組んでいることを認識させることに努めた。

監督官は、気難しげな顔をして言った。

「当然知っているよ。しかし、その通達は労働者本人以外の者に支払うことを禁止しているものであって、監督官が**労基法37条**違反になるおそれがあるからとして、使用者に対して労働者に残業代を支払ってやりなさいと命令してはいけないとまでは言っていないんだよね。」

私は首を傾け、監督官に対して疑問の表情を投げかけた。

「2年間支払えって、それって命令なんですか？　監督署がいくらいくらの残業代を支払いなさいと命令できるんですかね？」

「じゃ、どこがするのかね？」

「残業代を支払えと命令できるのは、監督署ではなくて、それは裁判所の仕事でしょう。」

監督官はバツの悪そうな表情をした。

「いや、今のは撤回しよう。命令ではなくて、指導の間違いだ。」

「でもね、監督官。あなたは大谷スーパーの従業員が申告していないのに、いや正確にいえば、従業員が会社に対して2年分の残業代を請求してきたわけではないのに、2年分の残業代を労働者に代わって支払えとあなたは言っているんですよ。わかりますよね。ではその根拠は何です？」

私は、監督官の顔を覗き込んだ。

「根拠って……」

「いや、監督官、しらばっくれては困るよ。私は、労働者の申告による臨検で2年間遡る法的な根拠を尋ねているんですよ。」

私は、続けた。

「実務上、是正勧告が行われる際、監督官は、『未払い賃金の支払いは2年間遡りますが、今回は1年分でいいとか、6カ月にしておきましょうか』といった監督官の裁量で決めているのが実情なんです。そんなことが許されていいんですかね？」


実際、そうした話は、開業社労士の仲間内でも聞いていたことだし、現在の私は、40有余年の社労士キャリアがある中で、同様の是正勧告において3カ月あるいは6カ月という「より軽い処分」を多く経験している。これらの遡及期間の違いにかかる根拠は何処にあるのであろうか。これは、違反の悪質さの度合いにより、労働基準監督官が裁量で決定するものと推測するが、このように監督官が支払いの内容まで指示するのは、明らかに職務権限を超えるものといえよう。

監督官の職務権限といえども、法によって与えられた政策的なものであるはずだから、こうした範囲を無視して、無制限に権限を行使してよいというものではない。**労基法10**

4条の2第2項は、使用者に対し必要な事項を報告させ、又は出頭を命じることを定めるが、「この法律を施行するため必要があると認めるとき」に限定しており、法自ら内容的制約のあることを自認しているのである。

私は一息入れて言葉を続けた。

「くり返しになりますが、そもそも**賃金債権**とは、労働者が労務提供することにより使用者に対して請求することができる権利です。請求権は、労働者の一身に専属する権利であり、第三者がこれを代理して請求する権限ではないはずですよね。ただし、本人が病気などで会社に出向くことができないような場合には、例外として奥さんだとか親族などが本人に代わって、**使者**として賃金を受け取りにくることは認められています。しかし、それはあくまで例外中の例外です。」

監督官は目をつぶり、腕を組みながら私の話を聞いているかに見えた。

私は言った。

「何度も述べているように、申告監督による臨検ということであれば監督署に申告した従業員がいるはずでしょう。申告をしているということは、その従業員には、賃金請求権という権利を有することを前提としているはずだ。それは民法６２３条、６２４条に定められている。623条によれば、**賃金請求権を主張するには、労働者が労働に従事することを使用者に対し約束し、使用者が労働者に報酬を与えることを約束していなければならない。**そして民法624条によれば、623条の契約に従って労働者が一定時間の労務を提供すれば、それによって対価である報酬を使用者に請求する権利がある。これを賃金請求権というんですよね。したがって、このような権利を有する者が**労基法115条**に基づいて請求することができるものと思われる。」

児玉監督官は私に向かって、ぶっきらぼうに答えた。

「だから何だって言うんだね？」

「つまり、監督官には賃金請求権という**債権**はないということですよ。そうだとすると、労働者に代わって**行政指導**により残業代を請求することはできない。そもそも債権がないのだから……」

「何だね。債権って？」

監督官は、腹立たし気に確認した。

「**債権とは、ある特定の者が特定の者に対して、特定の行為を請求することができる権利のこと**をいいます。債権が成立すると、債権を持つ者は、債務を負う者に対し権利行使することができるんです。債権を持つ者を債権者、債務を負う者を債務者といいますよね。」

監督官はうすら笑いを浮かべながら、

「よくわからんなあ。それだけでは……」

と、首をひねった。児玉監督官は本当にわからないのか、とぼけているのか見極めがつかないが、時としてこういう手合いの監督官がいる。

「監督官、お分かりいただけないのなら、例をあげて説明しましょう。債権は、特定の人にしか主張できないから、たとえば、A労働者がB社と労働契約を結んでいるとする。その場合、AはB社に対しては、『給料を支払って下さい』と請求できるが、労働契約を結んでいないC社に対しては『給料を支払って下さい』とはいえない。このように、**債権債務**は、ある特定当事者間に存在するものだから、その債権は債務者といわれる特定の者に対してしか権利を行使することができません。また、逆に、債務は債権者といわれる特定の者に対して義務を履行することになるんです。」

「君は何か?……だから、われわれ監督官には、労働者に代わって2年間分の残業代を支払えという権限はない……と言いたいんだね。」

「そうですね。本件につき、せいぜい監督官が使用者に対して言えるのは、『**37条違反**のおそれがあるから、是正勧告します。よく労働者と話し合って**37条**違反を問われないように是正措置を講じて下さい。』、それ位しか言えないのではないでしょうか。つまり、臨検監督であれ、申告監督であれ、残業代をめぐる問題はまず、最初に労使が決めるべきものです。したがって本件の場合、監督署が介入すべきではない。労働基準監督署が使用者に対して**37条**違反の疑いがあると言えるためには、労働者が先の**37条**の要件を満たしているのにもかかわらず、使用者が時間外割増賃金を支払わないという場合です。」

私はさらに続けた。

「それと、私たちはあなたがた監督官には、『2年間遡って残業代を労働者に支払え』という命令を出す権限はないものと理解している。これを傷害事件にたとえてみれば、警察官は傷害を負わせた被疑者を逮捕することはできても、負わせた傷害について被害者に支払うべき損害賠償額を決定し、支払いの履行を確約させることはできないはずだ。これと、同じに考えられると思うが。」

監督官は、私の質問が煙たかったと見えて、逆に質問してきた。

「じゃ、払わないということなのかね？」

「いや、支払わないと言っているわけではないんですよ！　監督官の指導する事実があるならば、時間外割増賃金を支払わなければならないのは当然のことです。だから申告した労働者の名前を教えてもらいたい。」

「なぜ教えなければいけないのかね？」

「名前を教えてもらえれば、事業主はその労働者に時間外労働をしたのかどうか確かめることができるじゃないですか。」

7 タイムカードは労働した証拠にならない！

ようやく監督官は観念したのか、

「いや、タイムカードによればだよ……」

と言いながら、束になっているタイムカードより抽出した1枚のタイムカードを抜き出して、それを私の目の前に置いた。視線の先には、申告労働者の名が記されていた。

監督官は言った。

「いいかね。この丸山さんのタイムカードによれば、午前9時に出社し、午後10時に退社しているよね。」

私は即座に切り返した。

「それがどうしましたか？」

監督官は強い口調で言い放った。

「たしかこの会社の所定労働時間は、午前9時から午後6時までだよね。そうすると4時間は時間外労働ということにならないかね。」

「そうですね。タイムカードだけを見ればね。」

監督官は眉間にしわを寄せた。

「それ、どういう意味かね？」

「私は、タイムカードだけでは労働していたことの証明にはならないと言っているんですよ。つまり、従業員の丸山さんが、午前9時に出社し、午後10時に帰ったことは証明できても、その間労働していたことの証明にはならないんじゃないですか？」

監督官は呆れた表情で、深いため息をついた。

「あなたね。監督署に屁理屈を言ってきてもらっては困るよ。」

「屁理屈って？」

監督官の表情がこわばる。

「そんなことも知らないのか？　筋道の立たない理屈のことをいうんだよ。つまり、こじつけ。こじつけの議論を吹っかけてもらっては困るんだよ。」

監督官は続けた。

「**タイムカード**とは、労働者の『労働時間』を確認するために存在するものだよ。何時から何時まで会社の建物の中にいたのかを説明するためのものではない。したがって、タイムカードに記載されている時間は、イコール労働時間だよと監督署は考えているんだよ。」

「そう言いますがね、タイムカードが必ずしも正確な労働時間を表しているとは限らないでしょう。たしかに、タイムカードに打刻した時刻により、労働者の出退社の時刻が確認できる。しかし、児玉監督官が言うように、現実に使用者の指揮命令の下に労働をしたという労働時間の始業もしくは終業の時刻と一致することにはならない。」

私がそのことを強調したのはそれなりの理由があってのことである。タイムカードは主として各従業員の出勤と欠勤や遅刻、早退、外出等の管理など勤怠管理を行うための取扱いであり、これにより労働時間を管理したり、時間外労働時間を把握したりするためのものではないからだ。したがって、私の顧問会社では、これまでタイムカードにより時間外労働の算定の根拠としたことはないのである。

監督官が、私に鋭い視線を向けた。

「あなたね。あなたの理屈は論外、論外なんだよ。タイムカードに記載されている時間は労働時間なの。いいかね。タイムカードに記載されている時間中に労働者が遊んでいたというのであれば、それは会社の側で証明する必要があるんだよ。しかし、そんなことは現実に不可能だろう。」

私は反論しようと身を乗り出したが、そのとき、監督官はあわてて私の次の言葉を手で制止した。

「まあ、最後まで人の話を聞きなさいよ。つまり、何月何日の何時・何分から何時・何分まで、この人が仕事とは異なる行動をしていましたなどということを会社側で証明できるのかね？」

私は言葉に窮したが、記憶を辿るように、少しの間、目を閉じ意識を集中させたのち、おもむろに口を開いた。

「児玉監督官。監督官には釈迦に説法かも知れないが、そもそも労働時間というのは、何か？　労働時間とは使用者が労働者に指揮命令をし、かつ労働者が労働を提供する時間ですよね。ということは、使用者が指揮命令をしていなければ、いくら労働者が働いたって、それは単なるボランティアに過ぎない。」

私は、監督官の表情に、困惑した様子を感じ取った。着実に手ごたえを感じ始めている。

次の瞬間、やむなしとでもいうように、溜息交じりに言葉を発した。

「何が言いたいのかね？」

「使用者が指揮命令をしていない場合には、労働者が時間外労働をしても使用者は労働者に賃金を支払う義務はないということですよ。」

ついに、監督官は大きな言葉を発した。

「だから、先ほどから言っているように時間外労働をしていないと会社側がいうのであれば、会社側がそれを証明すればいいじゃないか！」

8　時間外労働の立証責任は労働者にある

労働時間の認定をめぐっては争いがある。この点につき、次の3つの考え方がある。

第1の説は、労働契約を時間的拘束性に求めるものである。すなわち、拘束された時間内に労働者がきちんと仕事をしていたと推定できるとした上で、もしそうでないと主張するのであれば使用者が反証をあげなければならない。つまり、使用者の方でその労働者が仕事をしていないと主張するのであれば、使用者がこれを証明しなければならないということである。そして、労働者がその時間内に仕事らしい仕事をしていなかった事実を、使用者において証明できない場合に限り、賃金を割増賃金の支払いを免れることはできないと解する立場である。

第2の説は、労働契約を業務遂行性に求めるものである。これは、その時間内にきちんと仕事をしていたかどうかは、その主張によって利益を受ける労働者が主張すべきであり、したがって労働者がその事実を証明できなかった場合には、使用者は賃金や割増賃金の支払義務を負わないとする立場である。

第3の説は、使用者の労働時間把握・算出義務は労基法108条の賃金台帳の調整義務に関する規定にその根拠を有する見解（平13・4・6　基発339号）で、時間管理の責任は使用者にあるとする説である。

「児玉監督官。仕事をしていたか、いないか、は労働者側が証明すべきだと思いますよ。」

児玉監督官は目を剥いた。そして荒々しく言った。

「何だって？　使用者でなくて、労働者が働いていたかどうかを証明するんだって、おかしなことを言うね、あなたは。使用者には、**賃金台帳を作成する義務**があるんだよ！」

労基法108条は「**使用者は、各事業場ごとに賃金台帳を調整し、賃金計算の基礎となる事項及び賃金の額その他厚生労働省令で定める事項を賃金支払の都度遅滞なく記入しなければならない。**」と定めている。児玉監督官はこの規定のことを言っているのである。

「たしかに、賃金の管理は**労基法108条**によって、使用者に賃金の作成を義務づけている。しかし、それはあくまで1日8時間、1週40時間のことであり、それを超えた場合にまで使用者に賃金管理を求めているものではない。」

との私の言葉に、児玉監督官は話にならんと言わんばかりに首を左右に振った。

「あなたね。勝手な解釈をしてもらっては困るよ。第一、何だね。その根拠は？」

私は言った。

「そもそも労基法は時間外労働時間を想定していないと思うんですよね。つまり、労基法の精神は1日8時間、1週40時間、このような会社を想定しているものと思うんです。しかし、事業の種類によっては、あるいは業務の内容によっては、1日8時間、1週40時間の労働時間だけでは仕事を終わらせることができないというような会社がある。このような場合にも、使用者は時間外労働を命ずることができないとすれば、会社にとってこれは不便この上ない。

しかし、だからといって、強制して労働者に時間外労働をさせることはできない。**労基法5条の強制労働禁止**に抵触することになるからだ。時間外労働をするかしないかは、労使が決めるべきであって、国が積極的に介入すべきではない。すなわち、私的自治の原則に委ねるべきものである。

つまり、使用者が労働者に対して時間外労働をやってくれますかという申込みに対して労働者が、わかりました時間外労働をやりましょう、という承諾があってはじめて、使用者が労働者に対して時間外労働を命じることができるのだと思う。」

「何？　それじゃ、使用者が労働者に対して時間外労働を命じるたびに労働者からの承諾が必要ということなのかね。」

「考え方として、そういうことになりますね。かつては、時間外労働を命じるには個々の労働者から同意をとりつける必要があったんです。しかしこれでは面倒であり、不便この上ないことから、労働協約、就業規則、労働契約などの根拠規定があれば、個々の労働者から同意をとることなく、時間外労働を命令することができるということになったんですね。つまり、労働協約・就業規則・労働契約等で時間外労働が定められていれば、それが**『申込み』**であり、会社に勤務することをもって**『承諾』**ということになるんです。」

この点については、先にも述べたとおり、かつて時間外労働は、本来、労働者が義務を負わないものであって、労働者の同意がない限り、会社は社員に命ずることはできないという考え方が有力であった。よって、その考え方に従って、時間外労働を命ずるには必ず社員の同意をとってから実施するという会社も多かったのである。

ところが、**静内郵便局事件**（**最判　昭59・3・27**）および**日立製作所武蔵工場事件**（**最判　平3・11・28**）により、時間外労働を命じるのに個々の労働者の同意は不要という考え方が明確になったのである。

日立製作所事件の判決によると、「**思うに、労基法32条の労働時間を延長して労働させることにつき、使用者が、当該事業場の労働者の過半数で組織する労働組合等と書面による協定（いわゆる36協定）を締結し、これを所轄労働基準監督署長に届け出た場合において、使用者が当該事業場に適用される就業規則に当該36協定の範囲内で一定の業務上の事由があれば労働協約に定める労働時間を延長して労働者を労働させることができる旨定めているときは、当該就業規則の規定の内容が合理的なものである限り、それが具体的労働契約の内容をなすから、右就業規則の規定の適用を受ける労働者は、その定めるところに従い、労働契約に定める労働時間を超えて労働する義務を負うものと解するを相当とする。**」と示されている。要するに、36協定の締結・届け出と就業規則・労働協約・労働契約などの根拠規定に基づいて、時間外労働の命令を会社は労働者に対し発することができるということである。

その結果、時間外労働を命じるのには、個別的に社員の同意は必要なくなったということである。

もっとも、この日立製作所事件の判決がでたからといって、無制限に時間外労働を命じることができるということではない。社員の都合も考慮しなければならない。たとえば、妻子の急病の場合のように、社員にも時間外労働を拒否する正当な事由が発生することもある。このような場合には、会社側の一方的な都合で時間外労働を命じることはできない。

他方、恋人とのデートのためという理由で時間外労働を拒否できるかどうかについては、時間外労働拒否の正当事由としては弱いものと解される。したがって、社員の時間外労働拒否につき、それが正当事由に該当するかどうかは、会社側の業務上の必要性と、社員側の拒否する理由を比較衡量してどちらを優先すべきかの見地から決めるべきであろう。

なお、ここで36協定について確認しておこう。**36協定**とは、使用者が、労働組合または労働者の過半数を代表する者と労使協定を結ぶことにより、労働者に適法な法定労働時間を超えて、または休日に労働させることができるということである。

「監督官！　さっきも言ったように、会社は、労働者に時間外労働をさせることを想定して労働契約を締結していない。にもかかわらず想定していない時間外労働にまで、時間管理の責任を負わせるのは酷であると考えられる。したがって、想定外の労働契約である時間外労働については、それをすることによって利益を得る者、すなわち労働者側が時間外労働をしたことを立証すべきである。労働者からこうした客観的事実を証明できない場合には、使用者は割増賃金の支払義務を負わないと考えるべきだ。」

さらにここで、**立証責任**について触れておこう。立証責任とは、裁判をする際に、事実の有無についての立証をしなければならない側が、その立証をできなかった場合に負う不利益のことだ。たとえば、「貸した金を返せ」という場合に、訴える側の原告は、相手方の被告に対して、いくらの金を貸したという事実を主張し、これに対して、被告は「そんな金は借りたことはない」といって争った場合に、権利を主張する者は、その権利の発生に必要な事実についての立証責任がある。つまりこの場合には、原告の方に立証責任があるので、はっきりと金を貸したという主張が認められない限り、原告の主張する債権の成立は認められず、その意味では貸金の返還請求は棄却されるという不利益を負うことになる。

また、金を貸した事実が認められたとしても、被告の方では「その金はもう返した」と抗弁し、原告は「そんな金はもらってもいない」といって争う場合には、今後は権利の消滅を認めるのに必要な事実について、その権利を争う者の方に立証責任がある。したがって、この場合には被告が弁済したという事実を立証しない限り、裁判に負けることになる。

そこで前述の時間外労働における場合に話を戻し、このような立証責任について考えてみよう。申告は、もともと労働者に認められた権利であり（**労基法104条1項**）、申告は監督機関に違反の事実を訴えるわけであるから、労働者が立証責任を負うことになると考えるものである。

児玉労働基準監督官は、顔を紅潮させながら言った。

「是正勧告の指定期日の延長や労働時間とは何か、管理の責任は労使の何れにあるのかについては、私の一存では決定できないので、署長と相談してみるよ。」

と言ったそばから、回転椅子を反転させ、そっぽを向いてしまった。どうやら、もう帰れという合図のようだ。私は、折りたたみ式の椅子から立ちあがり、深々と一礼した。

「よろしくお願いします。期待しておりますので。」

しかし児玉監督官は、それに対して一言も発しなかった。私は自分の背中に、児玉監督官はじめとした職員等の憎悪がこもった鋭い視線を感じながらも、達成感をかみしめて、新橋労働基準監督署をあとにした。

パートⅡ

社会保険労務士の怒り

Gnothi Sauton
「汝自身を知れ」

Cogito,ergo sum
「我思う故に我あり」

1 再び新橋労働基準監督署へ

「児玉監督官は手強いと聞いていましたが、どうでしたか?」

事務所に戻ると、今年、入所したばかりの新人女性社労士が尋ねた。彼女はとびきりの美人とはいえないが、どことなしに人懐こい印象を与える庶民的雰囲気の漂う女性だった。多弁なところがあり、様々なことに興味を持ち、その好奇心から仕事の手を休めておしゃべりに夢中になることが多々認められるが、事務所の雰囲気を明るくすることもあり、憎めない性格だった。

「ただ、行儀が悪いだけの監督官だよ。」

と、私は率直な感想を述べ、笑い飛ばした。

それから1カ月後、新橋労働基準監督署の児玉監督官から呼び出しがあった。私は、監督署のパテーションで区切られただけの会議室で、児玉監督官と向き合った。児玉監督官は言った。

「河野さん。署長と相談した結果、過日、あなたが述べた延期申請は認める。」

私はすかさず、尋ねた。

「いつまでですか？」

児玉監督官は、表情一つ変えずに、

「20日もあれば十分だろう。」

と答えた。

「わかりました。それで、未払いとされる、時間外労働時間の対象期間の件はどうなんですか？」

「2年間分の遡りは変わらないね。」

こともなげに監督官は言った。

「そりゃ無茶だ。いくら何でも2年の遡りは無理ですよ。」

と私がいうと、児玉監督官は底意地の悪そうな眼を向けてニヤリと笑った。

「君も社労士ならわかっているだろうが、労基法違反で**書類送検**されるよりはましなのではないかね？」

私は言った。

「書類送検って、何のことですか？」

「おいおい。そんなことも知らんのかね？ 君は、昨日や今日、社労士になったわけでもあるまい……。会社が、是正勧告書のとおりにしなければ、検察庁に書類送検することもあり得るということだよ。」

2 是正勧告は行政指導

私は言った。

「監督官。一つ確認しておきたいのですが、是正勧告とは、**行政行為**なのですか？　それとも、**行政指導**なのですか？」

監督官は、何を小癪な……とでも言わんばかりに私を睨み付けながら言った。

「是正勧告は行政行為ではない。行政指導に決まっているだろう。何をいまさら。」

私は、何食わぬ顔をして言った。

「そうですよね。でも、おかしいですよ。監督官にこんなことを言うのは憚られますが、行政指導は、行政行為のような処分をすることができなかったのではないでしょうか？」

「君は、何が言いたいのだね。勿体つけて、何だというのだね。」

待ってましたとばかりに、私は身を乗り出して、先ほどとは打って変わった厳しい口調で話を続けた。

「監督官。では、うかがいましょう。行政指導で、書類送検することができるのですか？」

「河野さん。それじゃあ聞くが、何度も是正勧告をしてこれを無視したら労基法違反になるんだよね。そんな場合には書類送検っていう処分もあるんだよ。君、そんなことも知らないで、よく社労士が務まるなぁ。」

私はそれ以上の言葉を手で制した。

「待った。監督官、質問をしているのは私だ。あなたではない。まず、私の質問に答えてくれればいいんですよ。」

監督官は、ヘラヘラとうすら笑いを浮かべながら、

「これは、これは、随分と失礼な言い方ですね。社労士は、いつからそんなに偉くなったんですか。全く、あきれて物も言えん。」

と言いながら、あからさまに不快な表情を浮かべ、そっぽを向いてしまった。

「監督官、先ほども言いましたように、質問しているのは私なんです。あなたじゃない。あなたは、公務員でしょ？　公僕でしょ？　国民の質問に対してきっちりと答えなさい。」

こういう強気の態度が、自尊心の強い監督官の感情を刺激することくらい、私にはわかっていたが、行政の越権行為をそれこそ是正させるために、ピシャリと平手打ちを食らわせる勢いで、言葉をぶつけた。

監督官は唇をわなわな震わせながら、怒りの感情むき出しに私に喰ってかかった。

「何度も俺に言わせるなよ。相手方が、こちらの行政指導に従わなければ、書類送検する

しかないだろう。」

3 行政行為と行政指導の違い

ここで、行政行為と、行政指導の違いを説明しておこう。

行政行為とは、行政庁が法に基づき、①優越的な意思の発動または公権力の行使として、②国民に対し、③具体的な事実に関し、④法的規制をする行為、をいう。これが、行政行為の定義であるが、しかしこれでは抽象的でわかりづらいため、以下、行政行為の4つのポイントをあげて説明することとしよう。

第1に、「**行政行為は、権力的行為**」である。行政の一方的な判断で国民に義務を課すことである。課税処分の例でいえば、行政（税務署長）の一方的な判断によって、Xさんという国民に、税金を払う義務が発生することである。労働関係でいえば、労働基準監督署による出頭命令をあげることができるだろう。この命令が出されたならば、相手方は出頭しなければならない義務が生じることになる。

第2に、「**行政行為は、対外的行為**」である。行政の外に対する行為、すなわち、国民に対する行為であるということである。先の課税処分の例でいえば、Xさんという国民に対する行為ということである。労働関係でいえば、さしずめ事業主ということになるであろう。

第3に、「**行政行為は、個別具体的な行為**」である。特定個人に対しての、具体的な行為ということである。課税処分の例でいえば、Xという特定個人に対して、100万円の税金を支払えという具体的な行為を命じている。労働関係でいえば、Xという事業主に対し出頭を命じる行為ということになる。

第4に、「**行政行為は、法的行為**」である。国民に対して法的効果、すなわち、国民に対して権利や義務を発生・変更・消滅させる行為である。課税処分でいえば、課税処分によって国民Xに100万円の支払い義務（債務）が発生するということである。労働関係でいえば、出頭命令が出されれば、監督署への出頭義務が発生するということになる。

行政行為は、以上、詳述した4つの条件を満たす活動だということになる。

これに対して、法的行為以外の**行政指導は、**「**事実行為**」であって、「**非権力的行為**」である。行政指導は、**行政手続法2条6号**によれば、「**行政機関がその任務又は所掌事務の範囲内において一定の行政目的を実現するため特定の者に一定の作為又は不作為を求める指導、勧告、助言その他の行為であって処分に該当しないものをいう。**」と定められている。行政行為との区別という意味で重要なのは、この定義の部分であり、「権力的で法的行為」である行政行為と異なり、行政指導は「**非権力的な事実行為**」であることが明示されている。また、所掌事務を超える行政指導はできないこと、国民全員に対してなされている不特定の行為も、行政指導には当たらないことに注意する必要がある。

4 事実行為とは

事実行為は、事実上の状態を実現する行為であって権利が発生したり、義務が発生するものではない。行政活動の中で、たとえば警察官が道案内をしたりすることも事実行為の一つである。その他に、ゴミをどかせるとか、道路を掃除するといった行為は、事実上の行為を実現する行為であって、それによって権利や義務が発生するものではない。つまり、東京スカイツリーへの道順を警察官に教えられた国民に、そのとおりにスカイツリーに行く義務は発生しない。もちろん、教えられたとおりに行かなかったからといって罰則が適用されることはない。また、ゴミをどかさなかったからといって、道路を掃除しなかったからといって、処罰されることはないのである。

このように事実行為である行政指導は、道順の助言を受けたり、協力を求められたりするだけで、一方的にそれに従わなければならないというものではない。

他方、「あなたは掃除しなさい」とか、「ゴミをどかせなさい」とか、「道路を掃除しなさい」などという命令を、行政が出す。そうすると、それは**行政行為**となる。そして、その義務を実現する、その人が従って行っているのが事実行為である。これは、契約があってその履行があるのと似ている。請負契約をして道路掃除をするとなると、それは道路掃除をする義務を負わせるという法律行為であって、その履行として事実行為があるということになる。

私は、思わずあっけに取られて、監督官の顔を凝視した。穴が開くほど見つめた後、おもむろに口を開いた。

「驚きましたね、監督官。あなたは、行政行為とは何か、行政指導とは何かがわかっているのですか？　行政行為とは命令だよ。一方的な判断で義務を課すことだよ。そんな権限が、一体、監督官にあるの？　いずれにしても2年間遡って支払えという権限がどこにあるのか、説明してもらいたい。」

監督官は、机の上で手を組み、真剣な表情で私を見据えた。

「河野さん。あなた確か、前回も根拠は何かと言っていたよね。」

「ええ、言いましたよ。だって、是正勧告は行政指導でしょ？　行政指導は行政行為のような権限と義務が発生するわけではない事実行為なんだから、監督官に指導されたとおりに、労働者に対して、2年間の支払い義務が生じるわけではないでしょう。」

監督官は、右手にボールペンを握りしめ、尻の方でトントンと机をたたきながら言った。

「行政指導には法律の根拠は必要ないんだよ。」

5 行政指導はアドバイス、命令は出せない

私は呆れて一瞬反論する気が失せた。しかし、ここで終わらせるわけにはいかない。私は、監督官の態度に、感情を抑えながら言った。

「監督官。あなた、本気でそのようなことを話されているのですか？　行政指導は国民にアドバイスすることでしょ。違いますか？　それに従うか従わないかは、国民の自由じゃないのですか？」

にわかに監督官の表情が険しくなったが、お構いなしに私は続けた。

「単純な例ですけれど、今、地方から上京した人間が、お巡りさんに東京ドームの場所を聞いたとします。『この道を左に進むと突き当りにぶつかりますから、そこを右に曲がれば東京ドームが見えますよ。』とお巡りさんが答えてくれました。それを聞いて質問者が、『ああ、そうですか、ありがとう。』と言って、お巡りさんがせっかく教えてくれたにもかかわらず、右に行ってもよし、まっすぐ行ってもよし、別にお巡りさんの案内に従わなくてもいいのです。従わないからといって、勿論、逮捕されることはないし、罰金を徴収さ

れることもありません。これが行政指導です。行政指導というのは命令ではなく、単なるアドバイスに過ぎません。」

私は怪訝なまなざしを向けながら、監督官に聞いた。

「もう一度言います。行政指導の名目で、会社に支払いを命じる権限があるのですか？あなたに……」

「俺が決めたんだ。署長もこのことは知っている。」

「いつから、ここ、監督署は裁判所になったんだ？」

監督官は、一瞬、言葉に詰まったが、すぐさませせら笑いながらこう言った。

「我々はね、通達によって拘束されているんだよ。」

6 通達で国民を拘束できない理由

「ちょっと待ってくださいよ。通達、通達、二言目には必ずといっていいほど、あなた方は通達を持ち出して、まるで『天下の宝刀』のように言いますね。しかし、そもそも**通達**とは何ですか？　それは、あなた方の事務を円滑にするための統一基準であって、間違っても第三者である国民を拘束するものではないと思いますがね。」

監督官は、私をさげすむような態度でこう言い放った。

「君、なかなか屁理屈がうまいね。ところで君は、社労士を何年やっているのかな？」

その言葉を聞いた私は、とっさに怒りの言葉が口をついて出た。

「いい加減にしたまえ！　私の社労士歴と、通達と、一体どういう関係があるのか？　私は、あなたが通達、通達というから、通達の性格について解説したまでのことだ！」


私の声があまりに大きかったせいか、事の成り行きを見守っていた監督署の職員の数名が会議室の入り口に詰め寄って来た。監督官は、バツが悪そうに、職員たちに各自の席へ戻るよう目くばせしたうえで、声を潜めて私に言った。

「ここで、君と通達の性格について議論したところで、何の生産性もない。とにかく、2年遡って時間外労働手当を支払ってもらいたい。」

明確な根拠を示すことなく、同じ主張をする児玉監督官に対して、私はさらに理詰めで応酬する。

7　監督官がする2年遡及の命令は財産権の侵害

「監督官の言う2年遡りの件は、憲法違反の可能性が強いですよ。**憲法29条**の**財産権の侵**

害に当たる可能性が極めて高い。」

監督官は、突然興奮して耳まで赤くなり、私をものすごい形相で睨み付けながら、喰ってかかった。

「何だと？　何を根拠に、憲法違反などと言うか！　監督署の扱いの、一体どこが**憲法29条**違反というのか！」

私は、怒りに心臓が高鳴ったが、極めて冷静を装い論理的に話した。

「**憲法29条1項**は、『**財産権は、これを侵してはならない。**』と定めている。あなた方、監督官が法令の根拠なく、私人に対して金銭の支払いを命じることは、重大な財産権の侵害だと言っているのです。」

これは、正論なのだ。労働基準監督官が、とある会社に対して調査に入り、その結果判明した未払い残業代について、２年間遡って支払い命令を下すようなことは、憲法に定める財産権の侵害ということになる。

しかし、監督官も、負けてはいなかった。吐き捨てるように、こう言った。

「あんたね。さっきから、言っているだろう。実際問題として、無理なものは無理。」

私の怒りは、既にピークに達していたが、冷静な態度を崩すまいと、深く息を吸い込んでからこう言った。

「監督官。よく聞いてくださいよ。あなた方がしていることは、**民事不介入の原則**に反しているのですよ。」

監督官は、あっけにとられたような表情をしながら、

「民事不介入の原則って？」

「監督官。あなたは、本当に民事不介入の原則を知らないのですか？」

監督官は、薄ら笑いをしながら言った。

「知らないから、聞いたまでのことだ。それを知らないと、何か問題でもあるの？」

「問題が大ありだ！　民事不介入というのはね、監督官。あなた方行政の人間が、私人間の揉め事である民事紛争に介入してはならないということなんですよ。こんなことも知らないで、よく監督官が務まっていると感心しますよ！」

児玉監督官は、私の言葉の最後に、強く反応し、感情をむき出しに吐き捨てるように言った。

「あんた、俺にどうしろというの？」

いつの間にか監督官の言い方は、「河野さん」という呼称から、「君」、「あんた」に変化

しており、ぞんざいな言葉遣いになっていた。

「監督官、あなたは先ほど来、随分と失礼なことを言うじゃないですか。あなたは、法を厳格に適用してくれれば、それでいいのですよ。何も、私は貴方に法を曲げて何とかしてほしいと言っているのではないんですよ。つまりね、法のとおりにやってくれるのか、くれないのか、それを聞いているんだよ。」

売り言葉に、買い言葉だ。監督官は、さらに語気を強めて言い放った。

「あんたも、しつこいねぇ。監督署が、未払い残業代を2年分支払いなさいと、行政指導をしたんだよ。会社が従うのは当然だろう。そのどこに問題があるというんだね！」

堂々巡りの話に私も、これには、さすがに激高した。

「いい加減にしてくれないか。何度私に言わせるのか。監督官による是正勧告は、行政指導だろ。行政指導は、相手の任意の協力によってのみ実現できるものでしょう。あなたの言い分では、行政指導がいつの間にか、強制指導になっているではないか。こんなバカなことはない。あなた方が、権限もないのに未払い残業代を2年間遡って支払えと命令したら、それは、**憲法29条**の財産権を侵害することになるし、**憲法22条**の営業の自由も侵害することになる。

いいですか、児玉さん。そもそもこの問題は、私法である民法の問題として解決すべきものなんです。労働者が大谷スーパーとの交渉の中で、私法上の権利・義務関係の表れである残業代の支払いについて話し合い、それでも話し合いがつかなかったら裁判所の判断にゆだねることになる。それが、法律が用意している道筋というものではないか！」

私は一気にまくしたてた。これを黙って聞いていた児玉監督官は、唇をわなわな震わせながら、

「もういいから帰ってくれ！　私の一存では決められないから、署長と相談してみることとする……」

私は監督官の視線を見返しながら言った。

「それでは、今日はこの辺で失礼しますが、この件については早めにご回答いただきたい。よろしくお願いします。」

パートⅢ

臨検調査後の強制捜査

Scientiaotia est
「知は力なり」

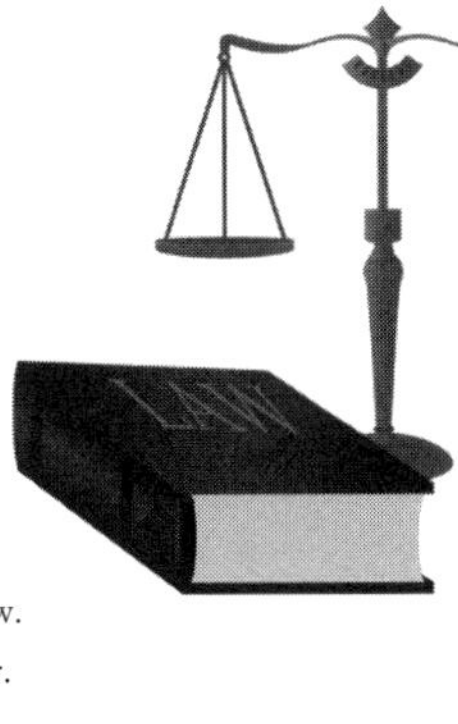

Live as if you were to die tomorrow.
Learn as if you were to live forever.
「明日死ぬと思って生きなさい
永遠に生きると思って学びなさい」

1 行政調査（臨検）へ

1） 監督官が臨検調査にやってきた

朝から青空が広がっていた。穏やかな陽気だ。

新橋労働基準監督署所属、主任労働基準監督官の児玉勝治と、後輩監督官の片岡勇とが、連れだって大谷スーパーにやってきた。2人が会社に足を踏み入れた途端、年輩の男が近づいて来た。中肉中背で目立つ特徴はないが、日焼けした顔と鋭く光る目だけが異様に光っていた。社長の大谷慎三は、東京に100店舗をも持つ優良な生鮮食料品販売店の経営者だ。零細なスーパーを、2代目の彼の代でこれまでに急成長させた辣腕経営者だ。その男は、自分が社長であると名乗った。

児玉主任監督官は、大谷社長に向かって言った。

「新橋労働基準監督署の児玉です。」

続いて隣にいた片岡も言った。

「片岡です。」

労働基準監督署と聞いた途端、大谷社長は噛みつくような口調で言った。

「何の用だ。忙しいんだ、さっさと用件を言ってくれ！」

「こちらの事業場において、過重な労働を強いられたうえに、賃金や残業代が支払ってもらえないという従業員の方から申告がありましてね。つきましては**労働基準法101条**により臨検をさせていただきたく、こうして2人の労働基準監督官が伺ったということです。」

児玉主任監督官と片岡監督官は、労働基準監督官の身分証を右手で掴み、提示した。

「過重労働だって？　残業代を払っていないだって？　一体誰が、そんなことを労働基準監督署にたれこんだんだ。そいつを見つけ出して解雇してやる！」

大谷社長は2人の監督官を睨み、怒声を放った。

児玉主任監督官は、静かに言った。

「社長さん。それはできませんよ。」

「どうしてだ？　俺の従業員だ。俺がどんな処分をしようと俺の勝手だろう！」

そこで、労働基準監督官になりたての片岡が憤然として言った。

「労働基準監督署に申告した労働者を解雇したら、**労働基準法104条2項**の不利益な処分に当たりますので、同法違反になりますよ！」

大谷社長はそれを聞いた途端、いよいよ興奮し、乱暴な言葉を吐いた。

「何が労働基準監督官だ。俺の仕事の邪魔をするな。これまで何回ウチに来たんだ！　いいかげんにしてくれ。お前ら何様だと思っているんだ、しつこいぞ。出て行け、俺は何も悪い事はしていない！　お前ら、営業妨害で訴えるぞ！」

憤怒の形相で喚き立てる大谷スーパーの社長は、労基署など屁とも思わない、典型的なワンマン社長だ。

社長の、この言動に気負けされた片岡監督官は、一瞬ひるんだかに見えた。一方の児玉主任監督官は、慣れたもので軽く受け流していた。

児玉主任監督官は、大谷社長を無視して従業員に向かってこう言った。

「総務の責任者の方はいらっしゃいますか？」

2)　臨検調査で求められた書類

そのとき、定年間近とおぼしき年齢の、でっぷりと肥った男が前に出た。男は総務部長の白井義男と名乗った。

児玉主任監督官は、一緒に来た片岡監督官に目くばせをした。片岡監督官はそれを受けて、白井総務部長にこう言った。

「タイムカードか出勤簿、それに賃金台帳、労働者名簿等を用意してくれませんか？」

大谷社長は、猛然と、激しい言葉を2人の監督官に叩きつけた。

「いい加減にしてくれ、おい！　労働基準監督署だかなんだか知らないが、お前ら何様のつもりでいるのか。何の真似だ。いきなりやって来て、タイムカードを出せだの、出勤簿を出せだの、それに賃金台帳も出せだって？　いい加減にしろよ。こんなことして、ただで済むと思うなよ！」

社長が、あまりにすごい形相だったので、若い片岡監督官は社長を睨みつけた。社長のその目は、舌戦に殺気だってはいたが、危害を加える意思はなさそうに見えた。児玉主任監督官の経験では、相手の目を見ればどの程度のことを考えているかおよその察しがつく。20年以上も監督官をしていると、こんな手合に威されて怯むようでは、監督官は務まらないことも重々承知している。

相手に馬鹿にされたら、監督官のみならず、労基署の信用も失う。つまり、監督官は無敵であることを、社会から期待されているのだ。

「とにかく帰れ、お前らには用はない。帰らないのなら不退去罪で告訴するぞ！」

これを受けて児玉主任監督官は、社長に向かって丁寧ながらも激しい口調で言い放った。

「社長さん、調査の妨害をするとそれだけで労働基準法違反なんですよ。わかってますか？」

「そんなの知るわけがないだろう！」

児玉主任監督官は、頭に血が上ったのか、さらに激しい口調で、大谷社長に向かってこう言った。

「社長さん、調査に協力してもらえないのなら、今度は強制捜査ということになりますよ、それでもいいんですか？」

社長は一瞬眉を曇らせたかに見えたが、児玉主任監督官を睨みつけながら、

「それは俺に対する脅しか？」

「いや！　脅しでも何でもありませんよ。調査に協力してもらえないんであれば、強制捜査もやむを得ないと言っているんですよ！」

間髪を入れず、反射的に若い片岡監督官の口を突いて出た言葉だった。

腕組みをしていた児玉主任監督官は、その言葉を聞きながら、満足そうに目を細め、何度も大きく頷いた。その動作に、片岡監督官は、強制捜査もやむを得ないという、児玉主任監督官からの強いメッセージを感じ取った。


臨検調査の結果、相当数の従業員に残業代が支払われていないことが判明した。4階の社長室において応接用のソファーに児玉主任監督官と片岡監督官が座って社長の大谷と向き合っていた。児玉主任監督官は言った。

「新橋労働基準監督署より大谷スーパーに対し是正勧告を致します。この是正勧告はこれ

で5度目です。これが最後です。御社は**労働基準法24条、32条、36条、37条**に違反しています。賃金の未払いです。したがって、過去2年分遡って該当する従業員の方々に支払って下さい。」

3) 労働基準法違反に求められる違反事実の特定

労働基準法32条は、法定労働時間（1週40時間、1日8時間）を規定しており、使用者がそれを超えて労働者に労働をさせた場合には、労基法違反となる。他方、法定労働時間を超えて時間外労働をさせるには、**労基法36条**の規定する**36協定**を行政官庁に届け出なければならない。したがって、同協定に違反して時間外労働をさせれば、同法**32条違反**となる。

また、**労基法32条**の労働時間を延長して時間外労働をさせた場合には、割増賃金を支払わなければならない。この場合、36協定の届出の有無あるいは、当該協定の上限を超えた時間外労働の有無にかかわらず、この支払いを怠れば、労働基準法違反となる。ちなみに、**労基法24条**違反は、賃金の金額と誰に対する、いつの月のものかを、特定しなければならない。

最近監督官の行政指導により、大手運送業社、大手広告会社、電力会社等が従業員に対し違法な時間外労働の存在を確認し、当該割増賃金の不足額を、遡及して支払うことがテレビ、ラジオ、新聞、週刊誌などの多くのマスメディアに取り上げられていることは、周知のとおりである。

こうした時間外割増賃金の不払いについて、監督官は「法定労働時間を超えて、時間外労働等に従事させたにもかかわらず、時間外労働割増賃金を支払っていないこと」を指摘するが、このような行政指導を監督官が行う場合、監督官は、労働者のうち、対象者は誰なのか、その人のいつの時間外労働の分なのか、そして、具体的にはいくらの不払い額なのかを、特定しなければならない。しかし、実際に監督官は結果ありきで、その違反事実を前提として遡及指導をするため、厳密に労働時間及びその不払い額の認定を行っていないのである。

このように、要件が整っていない行政指導は、本来行ってはならないものであると考える。

しかし、監督官は違法を前提として指導するだけでなく、**労基法104条の2第2項**を根拠に、事業主に対して報告を求めることができる。つまり、監督官は事業主に対し、違法な時間外労働の存在を確認し、その結果賃金の支払い額に不足があることを確認したら、それについて報告するように命令することができるようになっている。

社長は、苦虫をつぶした様な表情になり言った。

「一体、いくらになるんだ！」

片岡監督官が口を開いた。

「ざっと、約1億2千万円位ですかね。」

それを聞いた大谷社長は、大きく仰け反り、万歳でもするように両手を広げた。

「そんな金、どこにあるというんだ！　そんなもん払ったら、会社は潰れてしまう、払えないね。そもそもだよ、数億円にも及ぶ時間外労働割増賃金の支払いを、行政指導できるのかね？」

と大谷は質問した。

「とにかく、ここに是正勧告致しますので、この書類に署名捺印して下さい。」

大谷の顔は、怒りがみなぎっていた。

「そんなものにサインができるわけないだろう。わかったから、もう帰れ。何でもすればいいよ。払えんもんは払えん。ウチの顧問社労士や弁護士に相談する。俺は忙しいんだ。これから大事な商談が入っているんだ。もうこれ以上商売の邪魔をしないでもらいたい。」

社長は居並んだ2人の監督官に対し、もう帰れとばかりにシッシッと、追い払う仕草をした。

児玉主任監督官と片岡監督官は、大谷社長の剣幕に気おされ、やむを得ず、

「また来ます。」

という言葉を残して、会社を後にした。

2 新橋労働基準監督署の捜査会議

新橋労働基準監督署の会議室は殺気だっていた。

部屋には近隣の監督署から応援部隊として集められた10余名の労働基準監督官が加わっていた。

署長の訓示が終わり、捜査の指揮をとる副署長の大崎一三が立ち上がった。彼は50歳のベテランで、慎重な性格ゆえ、事なかれ主義だと批判する者も少なくない。しかし、部下の言葉にはよく耳を傾ける懐の深さも持っている。


今日の大崎はどこかちがう。睨むように目を細め、面前の椅子に座っている監督官等を見やった。

「今、署長から訓示があったように、大谷スーパーを強制捜査する。大谷スーパーには、これまで何度も是正勧告を行っているが、一向に改善しようとしない。先日も、児玉主任監督官と片岡監督官の両名が臨検のために大谷スーパーを訪問し、調査に入って、出勤簿

（タイムカード）、労働者名簿、賃金台帳、36協定書などの提示を社長に求めたが、十分な協力が得られなかったものである。そればかりか、2人の監督官に向かって、『お前ら何の権限があって、何回も会社に来るんだ。もういいかげんにしてくれ。営業妨害だぞ。お前らわかっているのか。仕事の邪魔をするな。これ以上来ると営業妨害で訴えるぞ！』と暴言を吐き、是正勧告書の受け取りを拒否した。そのため、監督官両名は仕方なく帰ってきたということだ。」

副署長の大崎は、目の前に座っている児玉主任監督官、片岡監督官の両名に厳しい顔を向けた。

2人は目のやり場に困り、大崎から目をそらしたかに見えた。

新橋労働基準監督署に置かれた過重労働対策本部は、大谷スーパーの強制捜査を計画していた。今、行われている会議は最終の打ち合わせだ。

3　新橋警察署

1）刑事課長との面談

新橋労働基準監督署の命を受けた児玉主任労働基準監督官は、新橋警察署の刑事課長に面会を求めた。児玉主任監督官は、2階の刑事課へ通された。

警察署では、刑事課は1階にはない。これは、逮捕した人間が万一脱走を企てたとしても逃げにくいようにという配慮からである。新橋警察署でも刑事課は2階にある。刑事課の部屋の正面に大きなデスクがあり、「刑事課長　浅田茂」と書かれたパネルが置いてある。

児玉主任監督官は彼と顔を合わせるのは、今回で3回目だ。浅田刑事課長は、この警察署における捜査の最高責任者だ。


浅田は色黒で、もじゃもじゃの半白頭に、ぎょろりとした目、それは感情のない爬虫類の目だ。また、その風貌が、一見するとヤクザの組長のような印象を受ける。浅田刑事課長は、わざとらしく一つ咳払いをした。

その彼が、低い声でうやうやしく言った。

「これは、これは、児玉監督官、先ほどお宅の署長から電話がありましたよ。詳しいことは、あなたから聞いてもらいたいということでしたが、まあ、どうぞお掛け下さい。」

とソファーをすすめる。

児玉主任監督官は、口を開く。

「経緯を申しますと、こういうことなんです。生鮮食品を扱う大谷スーパーの従業員から時間外手当等が支払われていないという申告がありましてね。」

浅田刑事課長は、目を閉じている。人の話を聞いているのか聞いていないのかわからないが、どう見ても彼の顔は爬虫類だ。

「そこで、事情を聞きたいということで会社へ調査に入りましてね。責任者に対し法定帳簿を持って来させたのです。」


刑事課長は閉じていた目を開けた。

「児玉さん、ちょっと確認しておきたいんだけれど、法定帳簿って何ですか？」

児玉主任監督官は、照れ隠しをするようにポリポリと右手で頭をかきながら答えた。

「いや、失礼しました。**法定帳簿**とは、賃金台帳、出勤簿、労働者名簿等をいいます。」

浅田刑事課長は、顎をしゃくって先を促した。

「それで？」

児玉主任監督官は、浅田刑事課長の慇懃無礼な態度にむっとなって言葉を返した。

「調査の結果、相当数の従業員に時間外割増賃金等の未払いがあることが判明しましてね。」

浅田刑事課長は、とろんとした覇気のない目をしばたかせてこう言った。

「金額はどの位ですか？」

「はい。調査の結果、1億2千万位ですかね……」

「そりゃすごい額だね。大谷スーパーはそんな金額、払えるんですかねえ?」

児玉主任監督官は言った。

「違反は、違反なので、見過ごすわけにはいきませんよ。私たち労働基準監督官は労働基準法などの労働者保護法規を守らせることを職務としておりますのでね……」

浅田刑事課長は、笑いながら、

「労働事件における警察官ということですかね……」

2) 労働基準法違反と逮捕

児玉主任監督官は苦い顔して、

「実は、ウチの署長から聞いていると思うんですがね。大谷スーパーの社長を労働基準法違反として、逮捕しようと考えているんですが、そこで……」

浅田刑事課長の、四角な顔に警戒感が浮かんだ。

「逮捕とは、ずいぶんとぶっそうな話ですな。」

「いや、すぐ逮捕というわけじゃないんです。場合によっては強制捜査をして、逮捕しなければならないと監督署としては考えております。」

児玉主任監督官は、じっと浅田刑事課長を見据えた。

浅田刑事課長は渋い顔をした。そして、口を開いた。

「強制捜査をしなければならないほど、その会社は悪質なんですか?」

児玉主任監督官はふくれっ面で答えた。

「そうですよ、悪質ですよ。大谷スーパーは過重労働をさせたうえ、時間外労働による賃金等も支払っていません。きわめて悪質な会社だと監督署は認識しています。監督署としては、5回もの是正勧告を行っていますが、その是正勧告に応じません。そのため過日、臨検を実施しましたが、社長は是正勧告書の受け取りをしません。」

「要するに、大谷スーパーの社長は法違反があるにもかかわらず、監督署の勧告を無視した。そういうわけですか。で、児玉さんは、私どもにどうしろと言われるのですか?」

児玉主任監督官は、身を乗り出して、

「これは、まだ署で決まったわけではないんですが、逮捕権を行使すべきだと、うちの監督官らは言っているんですよ。」

浅田刑事課長は、その問いかけにはすぐに返事をしなかったが、しばらくして、

「逮捕ですか?」

「はい、監督官は行政官であると同時に司法警察官でもあるわけです。したがって、司法警察官として職務に当たるときは事件の捜査権と逮捕権が認められています。」

児玉主任監督官は、困惑顔で、冷ややかな口調で言った。

「それは、わかるのですが、逮捕権まで行使するというのは、いかがなものでしょうか？監督署さんでは、現実的に日頃扱うのは書類送検ばかりではないんですか？」

児玉主任監督官は申告者に同情を寄せるあまり、どこかで大谷スーパーを私的に裁きたがっていたのかもしれない。それは驕りにも似た思い上がりを指摘された気がした。児玉は顔をこわばらせた。

司法警察員である児玉たち労働基準監督官は、逮捕、送検を含め、刑事訴訟法に基づいた事件捜査を行う権限を与えられてはいるが、それ以上のことは許されていないのである。検察官の代わりに起訴することもできなければ、裁判官の代わりに罪を裁くこともできない。児玉主任監督官たちにできることは、労働者に対して36協定の延長時間を超える違法な労働を行わせたとして、**労働基準法32条、37条違反**の容疑で大谷スーパーの社長や会社を送検することまでだった。

児玉主任監督官は、警察が大谷スーパー社長の逮捕に協力してもらえるのではないかと思っていたので、当てが外れた気分になった。こんなことになるなら出かけて来るんじゃなかった、と後悔した。

「それはそうですが……賃金不払いは立派な労働基準法違反ですよ。」

児玉主任監督官の顔をじっと見ていた浅田刑事課長が言った。

「児玉さん、だからと言って逮捕権まで発動するのはやりすぎではないですか。逮捕するということになると、昼夜問わず尾行や内偵をしなければなりませんよ。被疑者の確認をしなければなりませんしね。」

「そこなんですよ。浅田課長、ウチには留置場がありませんから、逮捕したときには、ぜひ留置場をお貸し願いたいんですよ。」

「早い話、留置場を貸してくれと、こういうことですか。それに尾行とか内偵もですか?」

「いや、そこまでは言っていませんよ。」

浅田課長は身を乗り出して、

「あの、労働基準法違反の容疑は何ですか?」

児玉主任監督官は、きっぱりした口調で言ってのけた。

「**24条、32条、36条、37条**違反ですね。」

「児玉さん、捜査の範囲を絞ったらどうでしょうか?」

「そうですね。絞るなら、**37条違反**ということになりますかね……」

「**37条違反**とは?」

「時間外労働割増賃金違反ということなんです。つまり、37条の規定する計算式で、時間外労働割増賃金が支払われていないということなんです。」

それを聞いた浅田刑事課長は、そんな微罪で逮捕するのかという不思議な顔を向けて思わず驚きの声を上げる。

「え？　いや失礼、我々は日々殺人だ、強盗だ、傷害などとタチの悪い連中を相手にしているもんでね……」

四角な顔の中で、爬虫類のような眼が２つ鋭く光っている。張り出した顎が浅田課長の意思の強靭さをあらわしているようだ。

児玉主任監督官は愕然としたが、烈しく声をあげた。

「課長さんは、時間外労働割増賃金の不払いなんて取るに足らない事件だと言うんですか？」

浅田刑事課長は困った顔をして首を左右に振りながら、

「いや、いや、いや、私はそんなこと言っていませんよ。ただ、どうしてそんなに逮捕したいのかなと思いましてね。」

「何度も、言いますがね、時間外労働割増賃金の不払いも立派な犯罪ですよ！」

「しかし、逮捕や捜査は警察が第一次的に行うのが刑事訴訟法上のルールでしょう……」

浅田刑事課長の態度はにわかに居丈高になった。

こうなると警察官という肩書を背負った権力者と、他方、特別司法警察職員としての肩書を持つ労働基準監督官との、力関係が浮き彫りになる。児玉主任監督官は言った。

「先ほども言ったと思うのですが、労働基準監督官にも逮捕権は認められています。逮捕権は何も警察だけの特権ではないでしょう。」

浅田刑事課長は、にやりと、皮肉な笑いを口に浮かべながら、

「でもね、児玉さん。仮にあなたたちが被疑者を逮捕したからといって、留置場がいっぱいだったらお貸しできませんよ。そこのところは承知しておいてくださいよ。」

「わかりました。」

児玉主任監督官は警察署をあとにした。

4 労働基準監督官、検察に向かう

1) 検事との面談

その日の午後3時ごろ、児玉主任監督官は東京地検に着いた。

検察といえば、大型経済事件や政界汚職などを手掛ける、日本最強の捜査機関と呼ばれる。東京地検特捜部が検察庁の顔となっている。

一方、検事の多くは全国各地の検察庁に勤務し、さまざまな事件、事故で警察を指揮し、送検された被疑者を取り調べる。犯罪の被害者や遺族からは、処罰感情を聞き取り、被疑者を起訴するかどうか決めるのである。そして、検察官は公判では犯罪事実を立証し、犯情に見合った刑を求める。そこには等しく厳格さの象徴とされる「秋霜烈日」のバッチを胸に、法治国家の根幹を支えるという使命感がある。

金浦宏司検事の部屋は、5階にあった。児玉主任監督官はドアをノックすると同時に、無精髭を生やした身柄拘束中の被疑者が、刑事に連れられて廊下に出てくるのと、鉢合わせした。

「いま、ちょうど取調べが終わったところなんだよ。」

金浦検事は、児玉主任監督官の顔を見ると、今まで、被疑者が座っていた椅子に座れとばかりに顎をしゃくった。

その椅子は被疑者を座らせるためにある折りたたみ式の椅子で、1つだけ置かれていた。捜査検事の部屋は全国共通、どこの検察庁でもそうなっている。被疑者以外の客があっても、それよりほかに座る場所がないのだ。

金浦検事は、人を食った横柄なところがあった。

「児玉さん、先ほど浅田刑事課長から、大谷スーパーの時間外割増賃金等の未払い事件の件で、相談に乗ってくれと連絡があったよ。」

それを聞いた児玉主任監督官は、浅田刑事課長が見かけによらず心優しく、他人への思いやりがある男だと思った。児玉主任監督官は恐縮しながら、

「恐れ入ります。浅田刑事課長には、大谷スーパーの社長逮捕について、ご協力をお願いに行ったところ、検事さんにも相談してもらいたいと言われたものですから、本日、こうして伺った次第なんです。」

金浦検事は言った。

「犯罪容疑は**労働基準法24条、32条、36条、37条違反**ということだが、それを立証することはできるのかね。あなたもわかっているだろうと思うが、労基法違反は故意犯であるから、使用者が犯罪事実となる時間外労働の事実を知っていることが証拠によって認定されなければならないんだよ。」

児玉主任監督官は言った。

「労働基準法違反なのですが、特に**37条違反**に絞って捜査しようと思っています。**労基法32条1項**は、使用者は労働者に休憩時間を除き、1日については8時間、1週間については40時間を超えて労働させてはならないと規定しています。これは労働者に対する原則的な基準です。」

と言いながら、児玉主任監督官は、金浦検事のデスクの前に座っていた折りたたみの椅子から身を乗り出した。

一方、回転椅子に深く腰をおろした金浦検事は、児玉主任監督官を見下すかのような眼で見つめながら先を促した。

「それで……」

「はい、労働時間を延長して労働させる時間については、労基法36条により、書面による労使協定が必要になり、監督署への届出も求められています。」

「大谷スーパーは、その届出がなくて時間外労働をさせたということですか?」

「はい。そのとおりです。」

「でも、それって届出を怠っただけでしょう。届出をすればいいんじゃないんですか。大谷スーパーは故意に届出を怠ったわけじゃないんでしょう。それとも**36条違反**って過失をも処罰するんですか?」

児玉主任監督官は返す言葉に窮した。

検事は警察官と異なり、法律実務家なのである。法律実務家を相手にするからには、理詰めで主張しなければならない。

「おっしゃるとおりです。**36条違反**は過失では処罰できません。しかし、大谷スーパーは厚生労働大臣の定める限度を超えて時間外労働を従業員にさせています。調査の結果、ほぼ全員の従業員が月にして60時間は優に超える時間外労働を行っています。しかも、その時間外労働に対して賃金が支払われていません。」

2) 行政指導と逮捕

金浦検事は、児玉主任監督官を蔑むような物言いをした。

「でもね！　それって行政指導すれば済むことじゃないの。逮捕って、ちょっとオーバーじゃないかねえ。」

「検事さん。実は、私どもは大谷スーパーに対して何度も行政指導をしました。先日も臨検をしました。しかし、大谷スーパーは臨検をして是正勧告を出してもそれに従わないんですよ。」

「だからといって逮捕なのかね。」

「検事さん。労基法は守ってもらわなければなりません。」

金浦検事は薄笑いをしながら、

「誰にだね。」

児玉主任監督官は、検事に向かって猛然と食ってかかった。

「決まっているじゃないですか。大谷スーパーですよ。大谷スーパーの賃金不払いは、立派な労基法違反です。」

金浦検事は眼だけ笑っている。

「それが**労基法37条違反**ということなんですね。」

金浦検事は額に左手を当てながら、

「でも、それだけじゃ大谷スーパーの社長を逮捕することはできないんじゃないかなあ。それに捜索令状も難しくないかね。」


事件の捜査については、刑事訴訟法上、担当検事が警察の捜査員に対して、指揮する権限が与えられており、本件の場合、労働基準監督官に指示することができるため、児玉主任監督官にしてみれば、金浦検事の意向を無視するわけにはいかないのだ。しかし、児玉主任監督官は厳然として言ってのけた。


「ということは、大谷スーパーの捜査をやめろということなんですか?」

「いや、そこまでは言っていないよ。たしかに形式的には、大谷スーパーは法秩序を破ったことになるだろうね。」

「そうすると、大谷スーパーに対しては逮捕もできない。仮に逮捕できても起訴することはできない……こういうことですか?」

「いや、児玉さんが言っていることはよくわかるよ。先ほども言ったと思うが、現状では逮捕は無理だね。もちろん起訴もだがね。」

起訴とは、検察官が裁判所の審判を求める意思表示のことをいう。**民事訴訟法**では「訴え」を「**提起**」という表現を使うことが多い。一方、**刑事訴訟法**では「公訴提起」という表現を使う。**刑事訴訟法**は、検察官という国家機関が起訴をするのであるから、「**公訴**」という表現を使うのである。

児玉主任監督官はなおも金浦検事に喰いついた。

「じゃ、**故意を立証**するために、大谷スーパーにガサ入れをさしてもらえませんかね。」

「ガサ入れ」とは、**家宅捜索**のことである。捜索は物又は人を発見することを目的に行われるものであるが、被疑者の自宅には犯罪を証明するために不可欠な証拠が残されている場合があることなどから、決定的な証拠の発見を目的に家宅捜索が行われるものである。

では、このような家宅捜索は拒否できないのか。これは裁判所の令状が発付された強制処分なので、拒否することはできない。違法な捜索に抵抗し、物理的に妨害するようなことがあれば、本来捜査の対象となっている罪名とは別に、「**公務執行妨害罪**」に該当するおそれがある。

ところで、警察と検察は、一体となって事件捜査に当たることは監督署も同様である。

3) 検察と監督署（警察）の関係

事件の第一次捜査権は監督署（警察）にあり、監督署が上げてきた事件を起訴するのが検察である。そういう認識でいる労働基準監督官は少なくない。事実、検察の現状は監督署から送致されてきた事件を沢山抱え、てきぱきと起訴、不起訴の判断をしていく。そうしなければ追いつかないのである。

しかし、これでは検事は監督署の処理した事件の起訴をするために機能しているだけということになってしまう。しかし、検事の仕事はそのようなものではない。監督署（警察）の二次捜査に甘んじているのではなく、むしろ積極的に、彼らの捜査が適切に行われているか、つまり、法に沿うように指導、助言をする必要がある。

今回、児玉主任監督官が検察庁へ出向いたのも、いわば、大谷スーパーの過重労働の捜査をめぐって、検事に助言、指導を求めるためのものであった。監督官にとっては、自分たちが送致した被疑者を希望どおりに起訴してくれる検事が理想であろう。しかし、監督署の捜査に違法性があれば後日、裁判で問題になる。検事には、そうした問題が起こらないように、事件の内容を吟味し、捜査の方法を現場に指導するのであり、こうした仕事は司法試験をパスしてきた者としての役割である。

監督署（警察）は事件の早期解決を望むだろうが、一方の検察は、事件の早期解決はもとより、公判をいかに維持できるかを第一に考えているのである。それゆえ、裁判に堪えられない、つまり有罪判決が望めないような事件については、検事の裁量で、最初から起訴しない。その結果、我が国における刑事裁判の有罪率は、９９・９％と非常に高く、この有罪率を保持することに検察の威信がかかっているといっても過言ではない。

このように、同じ刑事事件に携わるものの、立場が異なる行政機関だからといって、監督署や警察が露骨に検事に敵対することはない。なぜなら、検事が起訴、不起訴の処分権を握っているからだ。つまり、起訴するかどうかの決定権は、もっぱら検事に帰属し、警察や労基署には何の権限も与えられていない。もちろん、これは刑事訴訟法の規定である。

金浦検事は、険しい表情でこう言った。

「児玉さん。ここで誤解の無いように言っておきたいが、仮に、あなたのところから大谷スーパーが書類送致されてきたとしてもだよ、私の方でそれを起訴するかどうかはわからんよ。」

4)　起訴便宜主義

金浦検事の言うのは、たしかに正論であった。

「**起訴便宜主義**」といって検察官（検事）は、どうもこいつが犯人だと、嫌疑が十分にあると思ったとしても、検察官は必ず起訴（公訴）しなければならないわけではない。

犯人がたとえ罪を犯したとしても、検察官は起訴するかどうかを判断するにあたり、様々なことを考慮している。たとえば犯人の性格、年齢及び境遇、犯罪の軽重及び情状並びに犯罪後の状況（**刑訴248条**）により、起訴することが最もいいのか。どのような動機や目的で、どのような罪を犯したのか。既に、社会的制裁を受けているのならば、何も刑罰という強い制裁を科さなくてもいいのではないか。あるいは犯人は更生しているから起訴しない方が妥当ではないか。社会はその犯人に対して起訴を求めているのか。被害者は被害弁償を受けているのか。被害者は処罰を望んでいないのではないか。

検察官は、このように犯人の改善や更生、社会の治安維持や被害者の処罰感情などを考慮して、刑事政策的見地から検察官に公訴を提起するかどうかについての裁量を認められているのである。これを「**起訴便宜主義**」という。

児玉主任監督官は言った。

「いずれにしても裁判所に令状を請求しようと思いますので、その点につき、検事さんの意見をお伺いしたいと思いまして……」

「それは、私の口から止めろとは言えないだろう。ただ、ちょっと児玉さんに聞いておきたいことがある。」

児玉主任監督官は、いぶかしげに検事の顔を覗き込んだ。

「何でしょう？」

「労働時間の立証は大丈夫なのかね？」

「タイムカードとか、パソコン、それに賃金台帳はどうでしょうか？」

「しかしね、タイムカードというものは労働者の労働時間を確認するために存在するものではないのかね。もちろん、パソコンも同じだね。たしかに、タイムカードに打刻した時刻により、労働者の出退社の時刻は確認できるが、しかし、現実に使用者の指揮命令監督の下に労働をしたという労働時間の始業もしくは終業時刻と一致することにはならないと思うがね……」

検事は、考え深げな顔をした。

児玉主任監督官は言った。

「検事さん、タイムカードに打刻されている時間中に労働者が遊んでいたというのであれば、それは会社の側でそれを立証する必要があるんじゃないですか？」

5) 民事事件の立証の程度と、刑事事件の立証の程度

金浦検事は薄ら笑いを浮かべながら、

「ちょっと、児玉さん、考え違いをしているようだね。今、君が言っているのは民事上の

労働時間の立証だ。私の言っているのは、刑事上の労働時間の事なんだよ。わかるかな？」

たしかに民事事件では、事業主がタイムカードと異なると主張するのであれば、事業主が事実上それを証明する必要がある。**タイムカードによる労働時間の認定**は、事業場に滞在するのであれば、労働しているはずだとの推定が働くからであり、これは、事業主に労働時間管理義務があるということに加えて、タイムカードの存在により、労働時間を認定することも相当だとされているからである。まして、会社がタイムカードを使用しているのであれば、事業主にとって不利益な判断がされてもやむを得ないということである。

この点につき、判例は、「**タイムカードは就業場所において、機械的に打刻されるものであるから、タイムカードで打刻された時刻に、原告が就業場所にいたこと、タイムカードに打刻されている出勤時間と退勤時間の間、原告が被告の指揮命令下にあり、労務を提供していたことが一応確認できる（ピュアルネッサンス事件・東京地判　平24・5・16）。**」と判示している。そのほかにも、同様のことを述べる裁判例は少なくない。

一方、刑事事件では、タイムカードの記載どおりに労働時間が認定されるかという点については、タイムカードは労働者がその時刻に事業場に滞在して、タイムカードを打刻したという事実を推定するだけの証拠と評価されるに過ぎないのである。したがって、事業主が違法な時間外労働の存在を否定した場合、検察官には実質的挙証責任が課されているため、疑いを入れない程度の証明をしなければならないのである。

たしかに労働時間の認定は、民事事件では会社がタイムカードを使用している以上、タイムカードの存在により、労働時間については、不利益な判断がされてもやむを得ないのである。これは、実質的真実主義や公益を考慮すべき刑事事件と異なり、当事者が対等なものとして扱われる民事事件ではやむを得ないのである。もっともこの点につき、筆者は民事事件においても、タイムカードの打刻だけでは、その間、労働の提供があったか否かは正確に確認できないため、その他の方法からわかる、事実と照合して、実際の労働時間に近い時間数での、労使の妥協が求められるべきであると考える。

用いるその他の事実として、施錠記録、警備記録、パソコンのログイン・ログアウトデータの記録、パソコン内のファイルの変更・保存履歴、電子メールの送信時刻、ホームページの閲覧記録等々はもちろんのこと、たとえば、時間外労働をする際には上司の許可制として、その許可を得なければ、残業してはならない、そして翌日、前日の労働時間と仕事の成果を報告させる等、会社の許可や、確認などの行為を前提としたうえで、時間外労働の管理をすることが後日のトラブルを回避することにつながると考えるものである。

他方、刑事事件では、**労基法108条**に労働時間を賃金台帳に記録しなければならないことが定められているが、この記録がないことを理由に、検事が出退勤（タイムカード）の不存在により、労働時間の認定を推認して決めるわけにはいかない。

検事は、法違反としての時間外労働の事実を特定しなければならないのである。これを特定するにあたって、検事に求められる証明の程度は、いわゆる立証責任は軽減されることはない。つまり、労働時間の認定につき、賃金台帳に記録されていないことを理由に、事業主に対して不利益な労働時間の認定がなされることはないのである。

前述したとおり、刑事事件においては、タイムカードがあったとしても、その時刻に事業場に滞在して、タイムカードを打刻した事実を推定するだけの証拠として評価されるにとどまり、直ちにタイムカードの時間が労働時間であると認定することにはならない。

したがって、事業主が違法な時間外労働の存在を否認した場合において、タイムカードは、民事事件では、一般的に労働時間を管理する目的で用いられ、一応客観性が高く、労働時間との結びつきが認められる証拠として評価しうるのであるが、しかし、刑事事件では、タイムカードは労働時間を推定する証拠の一つとして評価されるに過ぎない。

このような理由から、違法な時間外労働の存在を立証するためには、その他の労働時間を推定しうる、客観性の高い複数の証拠により、たとえば、施錠記録、警備記録、パソコンのログイン・ログアウトデータの記録、パソコン内のファイルの変更・保存履歴、電子メールの送信時刻、ホームページの閲覧記録等々から、推定される範囲でなければ、労働基準法違反となる時間外労働の事実を特定することができないものと思われる。

6) 労働基準法違反は、「故意犯」である

児玉主任監督官は、金浦検事の顔をじっと見つめている。

金浦検事は、刑事上の労働時間について噛んで含めるように説明した。

「たとえば、**労基法32条1項**は、『使用者は、労働者に、休憩時間を除き、1週間について40時間を超えて、労働させてはならない』とし、**同条2項**で『使用者は、1週間の各日については……1日について8時間を超えて、労働させてはならない』と規定しているが、この意味は、使用者が労働者に対してこのような労働をさせることを禁止し、これに違反した場合には、**同法119条**で『**6箇月以下の懲役又は30万円以下の罰金に処する**』ことがあるというものだ。ここでいう『労働させる』という意味なんだがね。仮に、**労基法32条1項**に違反して、会社が長時間『労働させ』た場合でも、処罰するか否かは、それが『故意』であったか『過失』であったかが重要なファクターになる。君も労働基準監督官だから、十分承知しているとは思うが、簡単に説明するとね、『**故意**』は、わざとすること、『**過失**』は、うっかりしてしまうことだ。

労基法は刑罰規定だから、故意しか処罰できないんだよ。うっかり『労働させ』ても、

それは過失だから処罰できない。その根拠は、**刑法38条1項**に定められている。『**罪を犯す意思がない行為は、罰しない。ただし、法律に特別の規定がある場合は、この限りでない。**』とね。

もちろん、過失を処罰することが定められた規定もあるわけだが、その場合、条文に『過失に因る』という文言が使われているんだ。それが、この条文、**刑法38条1項**の『特別の規定がある場合』ということになる。具体的には、**刑法209条**の過失傷害だとか、同じく**210条**の過失致死がその例だ。したがって、刑罰法規は『**故意**』が前提だから、わざわざ条文に『故意に因り』とは書かないんだよ。労基法は、刑法のように『過失に因る』場合の罪の定めはない。だから、労基法違反は、必然的に『**故意犯**』でなければ処罰されないんだよ。過失によって違反事実が招来しても『**過失犯**』は労基法上の処罰の対象にはならないからね。」

金浦検事は児玉主任監督官に向かって、労基法は刑罰法規だから、故意が原則であることを長々と説明したのである。

金浦検事は、さらに続けた。

「また『労働させる』という作為命令による違反事実は明白性が要求され、使用者に罪責を問い得る違法行為として**構成要件の明確な立証**が労働基準監督官によってなされなければならないんだよ。つまりね、犯罪事実としての労働時間であるから**罪刑法定主義**と厳格な**証拠主義**による**故意の立証**が必要なんだ。したがって、刑事訴訟法上の立証責任は、訴追する検察官あるいは労働基準監督官が労働基準法違反事実を捜査して送致する労働基準監督官側にあるんだ。だから訴訟を維持するためには、労働者に時間外労働をさせた時間を、立証しなければならないんだ。」

金浦検事は、諭すような眼ざしで、児玉主任監督官に言った。

「平たくいえばだね、**犯罪の立証責任については、国家の刑罰権を主張して訴追する検察の側にある**わけだ。したがって、犯罪事実は構成要件に該当する違法、有責な事実であるから、構成要件に該当する事実はもちろんのこと、違法性の基礎となる事実の存在はすべてが検察官側の立証を必要とするんだ。しかもね、その証拠は、民事訴訟の場合のような自由な証明ではなく、厳格な証明でなくてはならないんだ。」

児玉主任監督官は、うっすらと額に汗をかいて考えあぐねているかに見えた。金浦検事は、なかなかの切れ者だ。それに気が強い。事前に署長からは、金浦検事は情の深い温厚な人柄と聞いていたが、とんでもない。検事というのは、非情な考え方をするものだと、あらためて児玉主任監督官は認識するのであった。

しかし、金浦検事は、法秩序の破壊者に対しては情容赦しない質の男であることも、児玉主任監督官には理解できた。

「厳格な証明？」

児玉主任監督官は、空惚けた。

「それは証拠のことだよ。あなたが違反容疑と指摘した**労基法24条、32条、37条**との結びつきについて、疑いを差し挟む余地のない程度に確信を生ぜしめる資料ということになるかな？」

「検事さん。それはよくわかりました。ちょっと質問なんですがね。**24条違反**はどうなんですかね？」

「どうなんだって、どういうことかなあ？」

「いや、未払い賃金は**24条違反**になると思うんですよ。」

「うむ。それも故意が立証できるのかね。」

7) 任意法規と強行法規

「いや、私が言いたいのは、**労基法24条**は、強行法規ですよね。まさか、任意法規だと言うんじゃないですよね。」

強行法規とは、当事者の意思で変えることのできない法律のことである。たとえば、**労基法32条**は、1日8時間、週40時間と定められているが、これを契約自由の原則だからと言って、労使が勝手に1日10時間、1週48時間に変えることはできない。このような法規を「**強行法規**」とよんでいる。一方、「**任意法規**」とは、当事者間で、法律や公序良俗に反しない限り、自由に変えることのできる法律のことをいう。

金浦検事は、厳しい目を児玉主任監督官に向けた。

監督官は、その瞬間、反射的に下を向いてしまった。それは、あまりにもすごい形相だったからだ。

「何だね、あなたは、こういうことを言いたいのかね？　**労基法24条**は、強行法規だから使用者が労働者に対して賃金を支払わなかっただけで、**24条違反**になると……」

児玉主任監督官は、大きく頷いた。

8)　賃金（退職金の放棄）

金浦検事は言った。

「たとえば労働者が、賃金を放棄したらどうするのかね？」

「いや、**賃金の放棄**は**24条**は認めていません。」

「なぜ、認めていないんだ？」

「それはですね、**労基法24条**は強行法規だからですよ！」

「でも、児玉さん。さっきも言ったと思うが労基法違反は故意犯であることが必要なんだよ。過失犯は処罰の対象となっていないんだよ。じゃ、聞くが、労働者が自主的に賃金の放棄について承諾している場合は労基法違反を問うことができるのかね？」

児玉主任監督官は、黙ってしまった。

金浦検事は言った。

「いいかね。賃金の放棄が労働者の自由意思による自主的なものである限り、刑罰を科すわけにはいかないんだよ。」


この、金浦検事の言っていることは正論なのだ。賃金の放棄は、**労基法24条**の全額払いの原則に反するとして認められないとするのが一般的であるが、判例には、放棄が、労働者の自由な意思に基づくことを認めるに足る合理的な事情が客観的に存在すれば、退職金の放棄が賃金の全額払いの原則に違反しないと示した、**シンガー・ソーイング・メシーン事件**（**最判　昭48・1・19**）がある。この判決をリーディングケースとして、その後現在まで、多くの最高裁判例が、この立場を踏襲している。

これは、退職金だけではなく賃金の場合も**必要性、相当性、目的性**等を相互勘案して、放棄が、労働者の自由な意思に基づくことを認めるに足る合理的な事情が客観的に存在すれば、これが許されるものというべきである。つまり、賃金の放棄は、**労基法24条（賃金全額払）の原則**に違反し、構成要件に該当するものの、労働者が使用者に対し、その自由な意思でそれに同意を与えていれば、違法性は阻却され、**労基法24条違反**は成立しないことになる。

9) 被害者の承諾

金浦検事は続けた。

「あのね、刑法の理論に『**被害者の承諾**』というのがあるんだよ。被害者の承諾というのはね、法益主体である被害者が自らの法益に対する侵害に同意することをいうんだ。明文では規定されていないが、被害者が承諾していれば、違法性が阻却されるから故意があるとはいえないことになる。」

児玉主任監督官は、理解できないとみえて、眉間にしわを寄せながら首を傾げている。

金浦検事は言った。

「具体例をあげて説明したほうがいいかな。たとえば、YがXの家の庭先に置いてあった鉢植えの花を盗もうとしていたところ、Xが『盗みたければ、どうぞ持って行っていいよ』というような場合だ。これが被害者の承諾にあたるんだよ。この場合、被害者のXは財物という法益に対する侵害を承諾しているわけだ。だから、この場合には、原則として**違法性は阻却**されることになる。したがって、窃盗罪が成立しないことになる。なぜなら、過失による窃盗罪というのはないだろう。法益を有しているXがそれを承諾によって放棄したため、刑法がXの保護する法益が存在しなくなったからなんだよ。」

児玉主任監督官は、遠慮がちに声を出した。

「検事さん、ちょっとお尋ねしてよろしいですか？」

「うん。なんなりと、質問してくれたまえ。」

「たとえばですね。暴力団員組織における制裁として人の指を切断するような場合、これは被害者が承諾していれば傷害罪は成立しないことになりますよね。それでいいんですか？」

「おー、それはおもしろい質問だ。いや、よく聞いてくれた。説明しよう。」

児玉主任監督官は思わず身を乗り出して、真剣な面持ちで金浦検事を見つめている。

「被害者の承諾は、実は**個人的法益**に限られるんだ。なぜなら、社会や国家の法益が侵害されることに対して個人が同意を与えることはできないからだ。したがって、不特定多数の生命・身体、財産の安全が法益となっている放火罪のような犯罪については、いくら被害者が同意したからといっても、違法性は阻却されない。被害者の承諾により違法性の阻却が肯定される犯罪は、被害者が放棄することのできる個人的な法益に対する罪に限られるんだ。

したがって、**被害者の承諾は、個人的法益であり、かつ、財産権に限る**。それゆえ暴力団組織における指の切断行為は、被害者の身体を傷つけているから、**刑法204条**の傷害罪の構成要件に該当し、違法性は阻却されない。なぜなら生命・身体は、個人的法益であるが、それらは財産権ではないため自由勝手に使用、収益、処分することが出来ないからだ。そうすると手術行為はどうなんだという意見が出てきそうだ。

医療行為は、患者の治療のために医学上の一般に承認されている方法によって、人の身体にかかる治療行為をいう。たしかに医療行為は傷害罪の**構成要件**に該当するが、しかし、こうした医療行為は違法性が阻却されている。何故かというと、それは治療行為により維持・増進される患者の生命・健康という利益のほうが、それにより侵害される患者の身体的ダメージよりも優越していると認められるからだ。また、現在は『患者の自己決定権』の思想、つまり自分の身体については、患者が自分で判断し、決定することができるという考え方が採られているため、医療行為も患者の同意があるからこそ許されるということになる。」

児玉主任監督官は、熱心に聞いているかのように見えたが、納得していないことは、金浦検事にはそれとなく伝わってくる。

それに気づいた検事は、笑いながら、

「ちょっと話が長かったようだね。要は、私が言いたいことはね、大谷スーパーの社長が従業員の意思に反して労働を強制していたかどうかということなんだよ。従業員は、帰ろうと思えばいつでも帰れたのに帰らなかったということになると、**故意の立証**は難しいということなんだよ。」

「検事さん、ちょっと待って下さいよ。大谷スーパーは、36協定の届出以上の時間外労働をさせていたんですよ。しかも、その時間外手当も何年にも亘って払っていないんです。これこそ**24条違反**じゃないですか。悪質ですよ。このような悪質な会社を放置するわけにはいかないですよ。」

児玉主任監督官は憤慨していた。

金浦検事は不機嫌そうな顔をしながら、

「ここではっきり、君に言っておくが、使用者である大谷スーパーが従業員の残業を、仮に知っていたとしよう。しかし、それだけでは『罪を犯す意思』、つまり故意があるとは言えないんだよ。

故意とは、『客観的構成要件に該当する事実の認識、認容である』というのが判例通説の立場なんだ。大谷スーパーの社長が労働者に、連日、定時後も、そう、36協定オーバーによる時間外労働や自主申告しなかったいわゆるサービス残業しているのを見ていた、あるいは、知っていたとすれば、それはたしかに事実の認識はある。しかし、それは刑罰法規である労働基準法違反として求められるレベルの故意に達しているとはいえないのではないかということだ。」

10)「労働者の意思に反して労働を強制する」という意味

金浦検事の言っていることはもっともなのだ。なぜなら、**労働基準法5条**には「**使用者は、暴行、脅迫、監禁その他精神的又は身体の自由を不当に拘束する手段によって、労働者の意思に反して労働を強制してはならない。**」とあり、その立法の経緯からも、労働者の意思に反して使用者が労働を強制しているというには、労働者を**タコ部屋に監禁**するようなレベルのものを対象としていることは明らかである。監禁とは、人が一定の場所から脱出することを不可能または著しく困難にし、その行動の自由を拘束することをいうが、強制労働においても、「帰ろうと思えば帰れる」という自由すら認められないレベルの客観的な行為と主観面が要求されているのである。

刑法によって保護しようとする権利・利益のことを「**保護法益**」というが、刑罰法規としての労働基準法が保護しようとしているものの一つが、労働者の自由な意思決定による労働なのである。したがって、この規定から、労働基準法が対象とする使用者が故意により違法な残業をさせたというには、労働者の意思に反して行動の自由を制限するレベルのものであるといえよう。つまり、そのレベルの自由の制限が存在して初めて、社会通念上許されない客観的な違法性があるのであり、その違法性を認識して初めて、労働基準法違反として問えるだけの故意があるといえるのである。

今回のケースの場合、労働者が時間外労働をしていたとはいえ、使用者の大谷スーパーがその居残りをただ単に認識していただけというだけならば、そこに何らの強制は存在せず、労働者は帰ろうと思えばいつでも帰れる状態にあったのである。

ということは、ただ単に、労働者が自発的に残って業務を行っていたという事実があるだけなのだ。そのことに関し、使用者である大谷スーパーは何らの強制も強要もしていない。そのような状況をもってして、刑罰法規である労働基準法の対象とする、故意があるとはいえない。使用者に対して、刑罰という厳しい制裁を与えるだけの認識（故意）があったとはとてもいえないだろう。

このように、労働者が自由を不当に拘束されていない、裏を返せば自由な意思で帰ろうと思えばいつでも帰れる状態にあった以上、使用者は労働基準法違反として罪に問うだけの認識をしていた、つまり故意があるとはいえないのである。

よって、会社において、労働者が残業をしていることを、単に使用者が知っていたというだけでは、故意に残業させたわけでも、故意に残業代を支払わなかったわけでもなく、刑罰法規である労働基準法の適用の対象になるようなことはないのである。


さらにいえば、刑法理論の根底に流れる考え方として、**謙抑主義**というものがある。これは、刑法というものは、人の生命・自由・財産という基本的人権に係わることがらに関して刑罰という峻厳な制裁を予定する法律であるから、その適用はできる限り慎重にならなければならないというものである。

この謙抑主義の立場からしても、今回のケースが処罰に値するものではないことは、火を見るより明らかといえよう。

金浦検事は続けた。

「児玉さん、何度も言うが、労基法は、行政法規であり罰則付きの刑罰法規であるから、同法違反を構成するには明白に違反する事実の立証ができる使用者の行為でなければならないんだ。労働者が職場に居残って残業しているという事実のみでなく、客観的に残業が必要であった状況が認められなければならないし、『労働させた』と推認できる、残業が必要であった諸事情が認められなければならないんだよ。

本人が居残って残業したものの、上司が時間外労働を知りながら放置したという事実から、単純に黙示の時間外労働の指示と認められるというものではなく、『時間外労働をせざるを得ない』客観的事情があるか否かが重要なのであり、残業しなければならないやむを得ない事情が認められなければ、使用者に対して同法違反を問うことは難しいだろうね。

『労働させる』という作為命令による違反事実は明白性が要求されているし、使用者に罪責を問いうる違反行為としての構成要件の明確な立証が、労働基準監督官によってなされなければならないんだよ。」

児玉主任監督官は、金浦検事の説明に腕を組みながらじっと聞いていた。

「労基法上の労働時間だが……これも前にちょっと説明したと思うがね。もう少し詳しく説明しておこうと思う。労基法で対象とされる労働時間とは、**犯罪構成要件を形成する**ものであるから、**罪刑法定主義**に従い、**構成要件の明白性**と、**類推・拡張解釈禁止**の、各原則の適用を受ける。このような点から、労基法の刑罰適用上の労働時間の概念の検討が必要となってくるんだ。その労働時間というのはね、『労働させる』という使用者の指揮命令性と労働規律性からの労働者保護を重視し、かつ、刑罰を科して規制する刑事法制からみた労基法の労働時間の概念として考察しなければならないんだ。

そうだとすると、当事者間の労働契約や就業規則の内容にかかわらず同法の観点から客観的に定められるべきものということになる。これを客観説というんだがね。そこで、**同**

法32条にいう『労働させ』の文言からは、構成要件として明白な就業を命じられた本来の業務が対象となるんだ。」

児玉主任監督官は、漸くここで口を挟んだ。

「検事さん、掃除、片付け等の付随業務は『労働させ』にはならないんですか？」

「原則としては、それらは『労働させ』にはならないが、終業に引き続き稼働とみられる掃除や片付等が慣例となっていたような場合、本体的労働と一体となった『労働』と評価できるものであれば、それは労働時間になるだろうね。」

「そうすると、労働者が使用者から業務の遂行に関連して業務の遂行に必要な行為を義務付けられていて、その結果として労働者が拘束を受けたからといって、それらの行為に要する時間が直ちにすべて**労基法32条**の刑事的規制に服するものというわけではないんですね。」

「そういうことになるね。当該行為がその内容及び態様において、業務への従事そのもの又はこれと同等のものと評価できるようなものであって、はじめて同条にいう『労働』としての同法の規制に服することになると思うよ。」

ここで金浦検事は一息入れて、再び口を開く。

「民事上の割増賃金請求権のように当事者の権利義務や契約上の拘束関係に左右されるものではなく、**労基法24条**や**32条**は罰則との関係で刑罰法規の構成要件ともなるものであるから、安易に同条を拡張解釈することは問題なんだよ。また、業務の遂行との関連性及び必要性を緩やかに解すれば、際限なく労働時間が広がってしまうことになる。そうなると、それは罪刑法定主義の原則に反することになる。」

「それはわかりました。でも、検事さんには釈迦に説法なんでしょうが、**労基法24条**は強行法規ですよ。その点がいま一つ納得できませんね。」

金浦検事は、まだわからないのか、うんざりだ……という顔つきになった。

「じゃ聞くが、労働者がだよ、時間外労働は、社長の命令ではありません。私たちが自主的に居残って残業をしていたんだと言ったら、**24条違反**を問えるのかね？　36協定のオーバーによる時間外労働も同様に『私たちが自主的にやったものなんです』と言われたらどうするの？」

「そんなこと臨検のときに、労働者から聞いていませんよ。」

「じゃ、それをどうやって立証するのかね……。大谷スーパーが、臨検の時に言ったんだけれど監督官には聞いてもらえなかったと言ったらどうするの。故意を立証するって、それだけむずかしいんだよ。それに、過去にこんなことを聞いたことがある。ある監督官が臨検に行ったところ、時間外手当が支払われていないことが判明した。そこで、監督官は是正勧告を出したんだ。そうしたら、報告書に賃金放棄書を添付して提出してきたというんだよ。監督官は当該会社にそれは認めないと言って、その報告書を突っ返したらしいんだよ。児玉さん。この監督官の行為をどう思うかね？」

「どうもこうもないですよ。その監督官の行為は当然ですね。**24条違反**なんだから……」

「本当にそうかな？　賃金の放棄は、**労基法24条**の全額払いの原則に反するとして認めないとするのが一般的であるが、放棄が労働者の自由意思に基づくことを認めるに足る合理的な事情が客観的に存在すれば、退職金の放棄が賃金の全額払いの原則に違反しないと示した最高裁判例があることはさっき説明したよね。そう、**シンガー・ソーイング・メシーン事件**だよ。」

児玉監督官はさきほどその件で説明を受けていたことを思い出し、くわえて、検事とのこれまでのやり取りを思い起こして考え込んでしまった。予想に反して、金浦検事が大谷スーパーの捜査には協力的でないのを察知したからだ。児玉主任監督官は不満この上ない表情を見せた。この様子だと、大谷スーパーの事件は積極的に取り上げる気がないのだろうと思い、深い嘆息の後、「ガクッ」とうなだれた。それでも監督官は絞り出すような声で確認した。

「そうすると、検事さんは**24条違反**も難しいと、こういうんですね。」

金浦検事は気むずかしい顔をしながら大きく頷いた。そしてこう言った。

「一つ児玉さんに聞いておきたいことがあるんだが、いいかな？」

「なんでしょう……」

「大谷スーパーの臨検は労働者の申告と言っていたよね？」

「そうですが、それが何か？」

「あなたは大谷スーパーを臨検して、時間外手当が支払われていないことがわかったんだよね。しかし、その臨検の端緒は大谷スーパーの従業員からの申告なんだよね。そうすると何年も前から時間外手当は支払ってなかったわけだ。では、なぜ急に申告したんだろうか、その従業員は……」

11) 申告に至った背景

児玉主任監督官は言った。

「いや、検事さん、もっと前に話せばよかったんですが、労働者からの申告の背景をですね……」

「どういうことかね。」

「申告した労働者は社用車を無断で使用した上、酒気帯び運転の末に車を廃車にするほどの損害を会社に与えてしまったんです。これに対し大谷スーパーは、就業規則に基づいて、この事故にかかる損害賠償金額を、今回ウチに申告してきた労働者に対し、給料から5年間にわたり月々天引きしていたということなんです。」

検事は言った。

「大谷スーパーのしたことは別に問題がないんじゃないの？」

児玉主任監督官は反論した。

「いや、そうじゃないんですよ。給料からの天引きは労基法に違反するんですよ。」

それを聞いた金浦検事は、穏やかな笑みを浮かべながら言った。

「思い出したよ。たしか、昭和31年の**関西精機事件**で『**労働基準法24条1項は、賃金は原則としてその全額を支払わなければならない**（**関西精機給料等請求事件　最判　昭31・11・2**）』という判例だったよな。それによれば、賃金債権に対しては損害賠償債権をもって相殺することは許されないということだ。そういうことだろう？」

児玉主任監督官は、さらにもう一つの判例を紹介した。

「検事さん。**日本勧業経済事件**（**最大判　昭36・5・31**）という判例もありますよ。この判例は『**労働者の賃金債権に対しては、使用者が労働者に対して有する債権をもって相殺することを許さないという趣旨を包含する**』と述べて、**労基法24条**は相殺を禁止するものであるとの態度を明確にしています。」

と、そこで一旦言葉を切ったが、彼はすぐさま続けた。

「そんなことから申告労働者は、労基署に対して損害賠償と給料との相殺は**労基法24条**に違反すると申告してきたんですよ。」

金浦検事は、じっと腕を組み児玉主任監督官の話を聞いていたが、やがて口を開いた。

「そうか、それを受けて児玉さんは臨検調査に大谷スーパーへ行ったわけだ。その結果、大谷スーパーに対し申告労働者の言っていることが正しいと思ったので、大谷スーパーに2年間遡って時間外手当を支払うよう会社に指導をしたわけだ。」

「そうですね。それに、損害賠償と給料との相殺は**労基法24条**に違反しますので……」

児玉主任監督官はいよいよ調子に乗ってきた。

「いや、臨検調査の結果、他の労働者に対しても、未払いの時間外労働割増賃金が見つかりましたので、対象労働者全員に対して、2年間遡って未払い賃金を支払うよう是正勧告しました。」

検事は言った。

「ところが、大谷スーパーの社長は何だかんだと言っては、あなたたちの行政指導に応じなかった。そこで、今後、強制捜査をして、大谷スーパーの社長を逮捕したい。こういうことだね。」

「検事さん、ようやくわかってもらえましたか。」

児玉主任監督官は椅子から立ち上がって、深々と頭を下げて協力を求めるため顔を上げようとした時であった。なんと、金浦検事は椅子の背もたれに深々と身を委ね、眼を閉じているではないか。まさか居眠りをしているわけではあるまい。児玉主任監督官はいぶかり、様子を窺ったが、検事はじっとしたまま身動きしないので、その判別がつかない。明けても暮れても似たような事件に直面し、同じような話ばかり聞かされている検事としては、ふとした気の緩みから睡魔に襲われることもあるらしい。

児玉主任監督官は、突然、大きな声を張り上げ、

「検事！　大谷スーパーに関する協力はお願いできるんですか？」

さすがの金浦検事も一瞬ぎょっとして半身を起こし、児玉主任監督官を見つめた。その顔はいかにも面映ゆげであった。監督官は心の中でつぶやいた。（やっぱり眠っていやがったな……）

検事は言った。

「児玉さん、先ほどから何度も言っているが、刑事上の労働時間の故意を立証するのはそう簡単なことではない。被害者の承諾の理論で話したと思うがね。申告労働者が推定的な承諾をしていたとなると、違法性が阻却される可能性があるんだよな。仮にだよ、申告労

働者が時間外手当を放棄していたり、請求できるものを2年も3年も放っておいたとしたらの話だがね。」

12) 推定的承諾とは

児玉主任監督官はいぶかしげに、

「何ですか、その**推定的承諾**というのは?」

「推定的承諾というのはね、刑法において被害者は現実には承諾を与えていないが、仮に被害者が事態を認識していたならば、当然に承諾を与えていただろうと推定される場合をいうんだよ。たとえば、隣人が不在中に、隣家に無断で立ち入れば通常、住居侵入罪に問われる。しかし、これが隣家から発生した火災を消火するため無断で立ち入った場合には推定的承諾が認められるので、違法性が阻却されるんだよ。」


児玉主任監督官は質問した。

「それは、なぜです?」

「火事になってしまったら、他人が自分の家に入ってでも、消火活動をしてもらいたいと欲することは社会通念上容易に推定できるからだよ。」

「検事さんの話によれば、こういうことですか。時間外労働手当を労働者が2年も3年も放置していたり、あるいは何らかの事情で申告者が放棄していたような特段の事由があれば、それは**推定的承諾**とみなされ、違法性が阻却されるおそれがあるということですか。」
「本件の場合、申告労働者は大谷スーパーに対し、これまで一度も時間外労働手当の請求をしたことがない。つまり、時間外労働をしていた期間に、いつでも大谷スーパーに時間外労働手当の請求をすることができたにもかかわらず、長年にわたり実際には請求していなかった。これは**労基法24条**の保護法益である労働者の賃金の保護を自ら放棄したとみなされるおそれがある。本件の場合、申告労働者は大谷スーパーに対して、時間外労働手当を請求しようと思えば、いつでも請求できたわけだ。しかし、今回の請求は申告労働者が社用車を無断で使用した上、酒気帯び運転の末、車に損害を与えたことにある。このため、大谷スーパーは就業規則に基づいて申告労働者に対し損害賠償を請求したというわけだ。そうすると、申告労働者の時間外労働手当の請求は、申告労働者が大谷スーパーから損害賠償を請求されたからだということになる。

そうするとだな、このような交通事故が発生しなければ、申告労働者は時間外労働手当を請求しなかったのではないかと、考えられるんだよ。」

金浦検事は顔をしかめながら、
「だって、そうだろう。申告労働者は時間外労働手当を請求しようと思えば、いつでも請求できたわけだからね。それにもかかわらず申告労働者が時間外労働手当を請求しなかったことは、申告労働者が事故前に時間外労働手当の請求権を大谷スーパーに対し、放棄することを推定的に承諾していたものとみなされても仕方がないんじゃないかな。それにね……労働者は5年も給料を引かれ続けて何で今、この期に及んで申告してきたの？　ほかにまだ、背景があるんじゃないの？」

児玉主任監督官は（それって屁理屈ではないか。要は、この事件はやりたくないんだな）と内心思った。

児玉主任監督官は不満がましく口を開く。

「そうすると検事さんは、申告労働者が時間外手当を請求する動機が悪いっていうことなんですか。でもたしかに、半年ほど前、申告した労働者が何日か無断欠勤をしたことを巡って、社長と大きなトラブルになりました。」

金浦検事は渋い顔をした。

「それ、申告の動機が悪いね。ますます、裁判になったら不利な材料だと思うけどね。まあ、そう深く考えなくてもいいが、いまの立証資料だけでは、大谷スーパーが違法性を認識していたとは考えられないし、それにしても労働者の素行が悪いなぁ。だから、いずれにしても、大谷スーパーに対して刑事罰を科するための故意を立証するのは難しいということなんだ。本件のような場合、法が用意しているのは、時間外労働を巡って申告労働者が大谷スーパーに対して、民事事件で債務不履行か、あるいは不法行為で訴えることとなんだよ。児玉さんも、それってわかるよね。我々は私人間の紛争には介入しないんだよね。これが**民事不介入の原則**というやつだ。」

児玉主任監督官は小さく頷きながら、

「それは、わかりますが、しかしですね……」

と児玉主任監督官が話を続けようとしたとき、金浦検事は手で制した。

「まあ、聞きたまえ。使用者が労働者の無知を奇貨として、**労基法37条**の割増賃金の支払いを意図的に怠っていたような場合、あるいは時間外労働につき、割増賃金を支払うよう、監督署から再三の是正勧告を受けていたにもかかわらず、これを放置していたような場合は、**24条、32条、37条違反**を問うことはできるだろう。しかし、本件の場合は民事事件として扱うのが妥当だと思うよ。」

結局、金浦検事のこれまでの説明は、不満ではあるものの説得力をもって児玉主任監督官の肚に落ちた。児玉主任監督官は大きく頷きながら言った。

「大谷スーパーがまさにそれなんですよ。検事さん、そこのところを立証するために、これから捜索差押許可状を裁判所の裁判官に請求しようと思っています。」

金浦検事は頷いたかに見えた。

「ここまでくると、あんたも執念だね。まあ、いいだろう。気が済むようにやってみればいい。ただ申告労働者からの供述調書がもう少し必要だな。先ほど来指摘しているが、労働者がこれまで一度も、時間外労働手当の請求をしたことのないことが気にかかるのでね。それから、申告労働者以外の者たちからもだ。証拠さえ揃えられれば、大谷スーパーに対して、刑事責任を問うことができるかもしれない。」

13) 公判請求か略式命令請求

さて、労基法違反の罪で起訴する場合には、**公判請求**か**略式命令請求**の2種類が考えられる。

公判請求とは、公開の法廷で審理を求める起訴のことである。一方、略式命令請求とは、被疑者の同意を得て、公判を開かず、簡易裁判所が**書面審理**で刑を言い渡す簡易な手続で行われる裁判を請求する起訴のことである。この裁判は100万円以下の罰金または科料の刑を科す場合に限る。労基法違反の罪の刑罰は6カ月以下の懲役または30万円以下の罰金であるから、検察官が30万円以下の罰金が相当であると考えれば、略式命令請求がなされることが少なくない。

もっとも、検察官が簡易裁判所に対して略式命令請求を不相当として、正式裁判手続をすることもまれにある（**刑訴法465条**）。正式裁判に移行すると、冒頭陳述および判決言渡しの際に代表権を有する者が出頭しなければならないことになっている（**同法27条、**

285条2項）。

仮に、**不出頭**の場合には、**勾引状**が発せられることになる（**同法58条2項**）。

金浦検事は言った。

「じゃ、その線で進めて下さい。」

そう言ったそばから回転椅子をクルリと回し、気むずかしい横顔を見せた。おそらく、もう帰れという合図なのだろう。

児玉主任監督官は立ち上がり、律儀に頭を下げた。

金浦検事は、児玉主任監督官を一瞥して、再び声をかけた。

「早く、**捜索令状**をとったほうがいいよ。**証拠隠滅**をはかられるとややこしくなるからね。」

児玉主任監督官は、金浦検事が見かけは律儀ぶって尊大に構えているが、根はいい男なんだな、と感謝の念をこめ、検事室のドアを閉めようとした。そのとき、彼の声が迫ってきた。

「あ！　児玉さん。お宅の署長さんによろしくな。それに浅田刑事課長にもね。」

見ればその顔は、精一杯の愛想笑いを作っていたが、言ったなり、いつものブスッとした仏頂面に戻りそっぽを向いた。

5 令状主義

1) いざ、令状部へ

初夏、ビル脇の街路樹の間を吹き抜ける風は、上気した身体には心地よい。男は、慣れない書面と格闘し、何とか午前中に仕上げて足早に、ここ、東京高裁・地裁の入る合同庁舎にやって来た。東京簡易裁判所の令状部も、この2階にある。エントランスまでたどり着くと、昨夜の格闘を思い出し俄に英気が漲る。

「よし、やるぞ！」

小声で自身に喝を入れると、ゲート式の金属探知機を抜け、所持品検査を受けると、その足で令状部に向かった。

男の名は大西義明。新橋労働基準監督署の労働基準監督官である。明早大学法学部に在学中から弁護士を志したが結果が出ず、法科大学院制度（ロースクール）ができ、大きく試験制度が変わることとなったために法曹への道を断念。公務員試験の年齢制限が掛かる前に両親を安心させるべく、労働基準監督官となった経歴を持つ。そして任官してはや7年。もう署内でもベテランと言われている。

最近は国も「働き方改革」ということで労働問題には力を入れており、職務内容には誇りを持ち、ブラック企業は絶対に許さない、その覚悟で日々業務に邁進している。

今日は、株式会社大谷スーパーの件で、書類送検を行う証拠固めとして、「捜索差押許可状（令状）」を取得するため、大西は簡易裁判所にやってきたのである。

同じ新橋労働基準監督署の仲間であった児玉労働基準監督官が、同社の未払い残業代の件で、とある社労士にやり込められ、嫌になり、岡山の実家に帰ってしまったため、大西はその案件を引き継いだ形だ。周りに聞いた話では、たしかにその社労士の言うことも正論であったようだが、不当な会社に正義の鉄槌を下すことの何が悪いのか。労働基準監督官は特別司法警察職員である。そう「特別」な存在なんだ。それを邪魔して……。仲間の敵を討ちたい！

過去、平成18年にも、江戸川労働基準監督署管轄の会社に残業代不払い事件があり、是正指導に対して「是正報告」が行われたのだが、結局その後のタレコミで、未だ残業代が支払われていない可能性が高いことが疑われた。そこで、同社の本社等の家宅捜索を行ったところ、案の定、遡及支払いがされておらず、報告が虚偽であることが判明したため、同社を送検したというケースがあった。このブラック企業同様、大谷スーパーも、何か隠していないに違いない！

2) 裁判官との面談

「こんにちは。令状発行のお願いに参りました。」

今日の当番裁判官は、小島一郎というらしい。デスクのプレートに名が記されている。小島は初老の風貌だが、眉は凛々しく、厳しい眼差しでこちらに視線を向けた。


小島裁判官は言った。

「そこへおかけください。令状ですか、申請書はお持ちですか？」

風貌に似合わず、柔和な調子で相手は答えた。

「はい、こちら捜索差押許可状請求書です。」

小島裁判官は書類を受け取ると、サッと目を通し、あることに気付いた。

「あ、労働基準監督官さんだったんですね。」

好奇心をたたえた目で、男は大西を見やった。まるで珍獣扱いだ。大西は、少しムッとしながら相手を見返した。

小島裁判官は口を開いた。

「労働基準監督官さんがいらっしゃることはあまりないもので……つい。申請書を拝見しますのでちょっとお待ちください。」

そういうと裁判官は申請書に目を通しはじめた。やれやれ、時間がかからなければよいが……。小島裁判官は少し読み進めては、細かなことを質問してくる傾向にあり、監督官にとって煩い相手である。

大西は、そういえば朝から何も食べていないことに気が付いた。これが終わったら地下の食堂でさっさと食べていくか、それともコンビニで済ませるべきか、そんなことを考えながら待っていたところ、またしても裁判官から声がかかった。

「う〜ん、請求の趣旨は分かりました。ただ監督官さんもお分かりのことと思いますが、強制捜査は人権にかかわりますから、ちょっと慎重に見てます。これ、大谷スーパーさんの賃金台帳や出勤簿や現金出納帳を差し押さえたいようですが、まずは会社さんに任意の提出はお願いしたんですか？」

……（やはり、いちゃもんをつけやがったな）と、大西は、腹の底で罵りながらも、何食わぬ顔をして、

「はい、是正報告の際に一部の提出を受けました。」

大西がさらに説明しようとすると裁判官は、

「えっ、だったら捜索差押え、いらないじゃないですか？」

大西は身を乗り出した。

「いえいえ、ただその提出を受けた物が、どうも実態に即していないと思われるのです。

現金出納帳と照らして、整合性をすべてチェックしたいと思いまして……」

　小島裁判官の眉間にしわが寄り、眉尻が動く。

「だったら、現金出納帳やそのほか不足するものを任意に求めてはいかがでしょうか?」

　裁判官は、あからさまに面倒くさそうに言った。

　大西は、自分の背中が、汗でびっしょりになっているのにも気づかず、必死になって言い訳を考えていた。

「それも考えたのですが、偽造変造の恐れもあり、形式だけ整えてくる前に、すべてをこちらで押さえてしまうしかないと、署内で判断したのです。」

　大西は、裁判官の表情を見ながら、興奮して早口に喋った。

　じっと聞いていた小島裁判官は、こう言った。

「あなたの言い分はそうなんでしょうけど、それだけで強制捜査して相手の業務を止めるのもねえ。それに罪の軽重は関係ないとはいえ、公判を維持できる見通しはありますか?」

　大西は、正直いって面食らった。まさか令状裁判官に、ここまで踏み込んで突っ込まれるとは……。たしかに、これから足を踏み入れるのは行政ではなく、司法の領域だ。刑事裁判という高いハードルを超え、有罪を勝ち取れなければ意味がない。裁判官としては、暗に労働基準法違反のような微罪では、起訴権を独占する検察が、よっぽど確実に有罪にできる確証でもない限り、動かないんじゃないの？……と言っているように思えてならなかった。

「これ、捜査して、何も出てこなかったらどうするの？　そのあたり多少は確信あるのかな？」

大西は黙っていたが、あまりにもネガティブなことをいう裁判官に対して、気色ばんで反論した。

「小島裁判官、ちょっとお願いしますよ。これまで、再三の是正勧告に従わずにきた会社で、ようやく報告書を出してはきたものの、どうにも怪しいんです。このまま、真実が明らかにならなければ労働者は泣き寝入りじゃないですか！」

「大西さん、是正勧告はもともと行政指導なんだから従う必要はないし、相手の会社は、必要な報告は行ったんでしょ？　怪しいところがあるって、だからその怪しいとあなたが言う根拠を聞いているんじゃないか……」

大西はむきになった。

「しかし、このまま放置してもいいっていうんですか？　この会社は、未払い残業代を支払わないブラック企業ですよ！」

小島裁判官は、やれやれといった表情を浮かべている。

「大西さんね、気持ちはわかるけど、裁判所は、そのブラック企業だという根拠を聞いているんですよ。少なくとも是正報告書は出したんでしょ？　だったら、その報告書が疑わしいと思ったそれなりの根拠がないと。それとね、労働者がかわいそうとかそういう感覚『だけ』ではダメだよ。だって企業にだって人権はあるんだからね。」

「お願いしますよ、捜索差押えでとりあえず調べるだけです。逮捕しようっていうんじゃないですし、そこまで慎重にならなくてもいいじゃないですか。」

「監督官、それはまずいよ！　捜索差押えだって、相手の財産権や営業の自由に制限を加えるんだ。慎重にならなくてもいいわけじゃない！」

3) 裁判官を怒らせてはならない

どうやら、当初、柔和な表情だった裁判官を怒らせてしまったようである。このような場合は、素直に謝るのが得策だ。

「いえいえ、言葉のアヤですよ、逮捕と比べてという意味です。すみません。」

「まあとにかくね、まだ監督署がこうやって動いていることは大谷スーパーは知らないんでしょ？　だったら是正報告の内容がデタラメだっていう従業員の証言とか、是正報告後もまだ残業代未払いやってるとか、その辺の調査はできるでしょ？　まずは、そういうところから始めればいいいんじゃないのですか？」

腐っても裁判官である。これ以上怒らせてしまえば元も子もない。大西はどのように説得をすればよいか、胸のなかで思案していた。

「そこを……何とか、なりませんか？」

「粘るねえ。うーん。」

小島裁判官は、眉間を摘まみながら考え込んでいる。はあ、ヤッパリ駄目なのか……。あの時、司法試験にさえ合格していれば、自分が裁判官の席に座り、立場が逆転していたかもしれない……。そうすれば、たまにしか来ない労働基準監督官には、もっと優しくしたのに……などと、とりとめのないことを考えていた。一体、どれだけの時間が経ったのだろうか。実際にはさほどの時間を要しなかったのだろうが、大西には、裁判官が思案する間が、ことのほか長く感じられた。

4) 発 令

「わかりました。今回は出しましょう。司法警察官としての捜査の端緒をお感じになられたんでしょうから、それを尊重しましょう。」

一瞬、大西は裁判官の言うことが理解できなかったが、次の瞬間、思わず小さくガッツポーズをしてしまった。

「あ、ありがとうございます！」

「まあ、いきなり逮捕とかじゃないし、今回はいいですよ。でも、くれぐれも捜索差押も相手方の人権には配慮してね。下手うつと、国家賠償請求の対象になるからね。」

「わかりました！　ありがとうございます‼」

大西は内心のうれしさを隠せず、裁判官は苦笑していた。しかし、次の瞬間、また不安になることを裁判官から聞いてしまった。


「ところで大西さん、是正報告が怪しいって言ってたけど、それ自社が書いたの？」

「いいえ、社労士をつけて書いたようです。たしか、河野さんといったかな。」

それを言うと、裁判官は目を見開いた。

「え、河野さん？　社労士？　もしかして……ふーん、なるほどね、そりゃ多分一部の隙もないと思うよ。今回令状は出すけど、起訴にはならないと思うなあ。」

「裁判官は、その社労士をご存じなんですか？」

「労働法の分野では知らない人はあまりいないでしょう。その人の本は、裁判所地下の売店でも売ってるよ。むしろ監督官のほうが知ってると思ったけど。あの人が一枚噛んでるなら、民事的な問題は和解で解決しちゃってるだろうから、仮に疑いがあっても刑事事件で有罪まで持ち込むのは極めて難しいと思うよ。」

えっ、そんなに有名な社労士だったのか……。

「達人は達人を知らないと。まあ捜索差押えすれば、何か新しい事実が出てくるかもしれないけれど……」

「……ご忠告、ありがとうございます、しっかり調べたいと思います。」

大西は、複雑な表情で令状部を出た。先ほどまで、空腹だったこともすっかり忘れ、今後の不安で頭がいっぱいだった。仮に、裁判までもっていけても、こちらが思うような結果を得るのは厳しいのかもしれない。とにかく淡々と捜索差押えと内偵を進めるしかない。

つらつらと、今後のことを考えながらロビーまでたどり着くと、何やら場違いに騒がしい。人だかりがしている。

「金返せ！　金払え！」との多くの声に交じって、

「誰が払うか！　裁判官が無能なだけじゃないか！」

ふてぶてしい態度の初老の女性を、数人の市民が囲み、債権の行使をしているようだが、反対にそうした人に対して、債務者が罵声を浴びせている。どうやら訴訟に負けたのに、損害賠償金を払わないらしい。ひどい話だ。残業代を支払わない会社もひどいが、払わないのにはいろいろな理由がある。事業主が単に法に無知な場合もあれば、わかっていて払わない場合もある。はたまた、払いたくても払えない会社があれば、反対に、搾取だけを考えているブラックと呼ばれる企業もあり、実にいろんなパターンがある。経営状況が悪く、本当に可哀そうなこともあれば、この女性のように平気で支払うべき金を支払わず、踏み倒そうとするふてぶてしいのもいる。

大西は当初、大谷スーパーは、搾取のパターンかと思っていたが、裁判官まで名前を知る有名な社労士が入っていたのなら、そうでもないのかもしれないなと、不安に駆られ始めた。

5) 監督官による、強制捜査の開始

翌週の6月6日。

朝まで降り続いていた雨がやみ、青空が広がっている。花の香りが漂い、鮮やかな木々の緑が目に飛び込んでくる。陽射しが強い。

大谷スーパーの強制捜査の日を迎えた。

午前10時、大西労働基準監督官をはじめとする監督官らが箱型のワゴン車3台に分乗して、大谷スーパーにやって来た。

大谷スーパーのある千谷岡2丁目は、葛飾区を南北に流れる江戸川の側にあった。鉄筋コンクリート建ての社屋は4階建てである。4階は社長室と会議室、3階は食堂、2階は営業部、1階は総務と人事部が入っている。大西をはじめとする10余名の監督官が事務所

に入ってきた。

大西は、興奮しながら言った。

「新橋労働基準監督署です。只今より強制捜査を開始します。」

大西は続けて、**捜索差押令状**を提示しながら、

「家宅捜索が終了するまで、全員外出しないようにして下さい。」

と、会社の関係者に命じた。同時刻、大谷社長の自宅も家宅捜索を受けた。会社には30名近い従業員がいる。突然の訪問で従業員らはびっくりしたようだ。仕事が中断され、従業員たちは動揺し、騒然としていた。電話をかけている者、パソコンに向かっている者、伝票をチェックしている者、帳面を広げている者、みな各々の仕事に従事していたが、彼らはいったい何が起きたのかお互いの顔を見合わせながら、不安げな表情を浮かべて、一様に大西らを見た。

年配の男が歩いてやってきた。中肉中背で目立つ特徴はないが、それは、臨検の際に激怒して立ち会った、社長の大谷だった。社長の大谷は捜索差押令状を顔の前につきつけられたが、前回とは打って変わって全く動じず、すべての資料を即座に求められるままに開示した。これは、捜索があってもあわてないよう、事前に社労士のアドバイスを受けていたからできたことだ。行政の理不尽さに心の中では怒りに打ち震えつつ、準備をしていた

ことにより、冷静に対応できた。

大西はあまりの手際の良さに面食らいながらも、労基法違反についての捜査を行った。しかし、是正報告書にあるように、和解をして会社と労働者が同意した残業代はしっかりと労働者の手に渡っていたようだ。さらに、くだんの社労士の指導のもと、経営者は心を入れ替えたのか、固定残業代や変形労働時間制の導入を行い、その後の未払い残業代の事実も見られない。これではとても送検することはできない。令状裁判官の、小島とのやり取りが脳裏に蘇る。

よくよく聞いたら、そもそも児玉監督官らがやりこめられたのは、その態度が著しく悪かったかららしい。なんだ、みんな教えてくれればよかったのに……。結局、100点近い書類が押収されたが、捜索差押えは無駄に終わった。大谷スーパーには迷惑をかけてしまい、署長はおかんむりだ。ああ、小島裁判官に言われた際、あそこで止めておけばよかった……と臍を噛む思いだった。

数日後、大西が強制捜査の失態を引きずり、心の中で嘆きながらも、監督署の窓口で来訪者対応をしようとしているときだった。何やら隣のカウンターが騒がしい。

声からして、初老の女性が、隣のカウンターにいた、別の監督官に大声で詰め寄っている。

「……民訴法完璧の当職が言っているのよ！　市場社会がこんなの認めないわよ！　恥を知れ恥を！」

続いて、わざと監督署内に響き渡るような甲高い大声で、

「最後まで戦うわよ！　地獄に落としてやる！　あんたみたいなクルクルパーの若造じゃ話にならない。署長を出しなさい、署長を！」

と叫ぶ声が耳に突き刺さる。

周囲の視線が、その声の主に集中している。あっ、あれは確か裁判所で数名の市民に囲まれ、金払えと言われていた女性だ！　自分は払うべき金を払わないのに、役所に対しても口汚く、偉そうに言うのか！　なんという厚顔無恥なヤツなんだ！

大西は驚きと同時にそこはかとない恐怖を感じ、隣のカウンターでよかったと心底思った。窓口で受付をする相手は、交通事故のようなもので、善良な市民だけを相手に選べないのは実に辛い。心の動揺を隠しつつ、目の前の来訪者に書面を差し出した。

そうだ、帰りに、河野という人の本を買って勉強してみようか……。

6 令状主義の検証

1) 裁判所のチェック

令状主義とは、**憲法35条**で保障される「**何人も、その住居、書類及び所持品について、侵入、捜索及び押収を受けることのない権利は、第33条の場合を除いては、正当な理由に基いて発せられ、且つ捜索する場所及び押収する物を明示する令状がなければ、侵されない。**」という原則をいう。

つまり、これは、裁判所により、行政の権限行使を抑制する意味がある。すなわち、捜査の中で人的強制、物的強制が行われる場合は、裁判官の許可を必要とし、その手続については明確な法的規制が加えられることになっているのである。捜査主体の外から捜査に向けて行われるチェック機能が、まず裁判官によって担われているわけだ。

2) 司法統計にみる令状発布と、却下率

では、どれだけその機能が働いているのかを、毎年行われる司法統計を検証することで確認しておきたい。人的強制である、逮捕と、差押え等、物的強制につき、それぞれの数字から、却下率（それぞれの項目につき、年度ごとの却下件数を、発布された件数と却下

表１【請求による逮捕状発布の結果】

年次	逮捕状全体（単位　件）									却下率 b/(a+b)×100(%)
	発布部数 (a)	却下部数 (b)	取下	通常逮捕			緊急逮捕			
				発布	却下	取下	発布	却下	取下	
平成24年	105,414	80	1,420	96,371	54	1,420	9,043	26		0.076
平成25年	102,076	58	1,293	93,439	40	1,293	8,637	18		0.057
平成26年	99,569	57	1,302	91,548	30	1,302	8,021	27		0.057
平成27年	100,880	62	1,373	92,766	36	1,373	8,114	26		0.061
平成28年	96,431	54	1,388	88,806	19	1,388	7,625	35		0.056

司法統計「第15表　令状事件の結果区分及び令状の種類別既済人員　全裁判所及び全高等・地方・簡易裁判所」を加工

表２【差押え・記録命令付差押・捜索（許可）状・検証許可状発布の結果】

年次	発布（ア） 件	却下（イ） 件	取下 件	却下率 イ/(ア+イ)×100(%)
平成24年	236,289	104	5,559	0.044
平成25年	233,082	152	4,780	0.065
平成26年	233,523	116	4,824	0.050
平成27年	243,919	108	5,316	0.044
平成28年	241,298	48	5,620	0.020

司法統計「第15表　令状事件の結果区分及び令状の種類別既済人員　全裁判所及び全高等・地方・簡易裁判所」を加工

された件数の合計で除したものに、100を乗じて得た数）を計算してみた。

その結果、逮捕率については、いずれの年度も却下率が限りなくゼロに近いことが分かる。却下率が0・1％を切っているということは、1000件に1件も却下されていないということがいえ、捜査機関が必要だとして申請すれば、ほぼ100％、令状が発布されている事実が明らかである。

3) 令状主義は機能しているか

これを解して、令状が発布されるまでのプロセスにおいて、警察・検察の捜査が厳正を極めているから、逮捕状などの令状発布における却下率が極めて低いということがいえなくもない。しかし、国民には、そうした見方が、真に正しいのかどうか検証する術がない。むしろ、冤罪事件や誤認逮捕が後を絶たない現状に鑑みると、憲法が保障する、司法のチェック機能が本当に功を奏しているのか、穿った見方が捨てきれないということになるだろう。すなわち、通常ならば逮捕にまで至らない場合であっても、警察や検察が、少なくとも法を犯したであろうとする形式を示すことができれば、逮捕状の請求や、捜査令状の請求可能であり、これを裁判所がチェックしないというのであれば、捜査官の恣意的判断で、たいていの人が逮捕されることは可能であり、捜索令状が発せられることになるのではないかという疑念である。

こうした背景から、本ドキュメントにおいても、監督官の求めに応じ、あっさり令状が発布されたとする設定となっていることを付言する。

パートⅣ

弁の立つ社労士が、労働基準監督署で吠える

Scientiaotia est
「知は力なり」

Live as if you were to die tomorrow.
Learn as if you were to live forever.
「明日死ぬと思って生きなさい
永遠に生きると思って学びなさい」

1 社長の相談事

私は、事務所を訪ねてきた依頼人の高田孝一に言った。

「早速ですが、ご用件を伺いましょう。」

彼は、深刻そうな顔を作りながら、

「問題がちょっと複雑なものですから……。どこから申し上げてよいやら……」

高田孝一は口ごもった。

彼は、３００店舗を優に超える飲食店を展開する株式会社カイソウの社長である。

高田社長は、淡いブルーのブレザーに白ズボンといういで立ちで、年齢はというと40代後半のように見える。

その年齢としては少し肥り気味で、それが気になるのか、余暇を利用してアウトドアのテニスに熱中しているというだけあって、丸みを帯びた顔が赤銅色に日焼けしていた。

私は言った。

「固くならないで、リラックスしてお話し願いたいです。こちらもそのほうが気が楽ですから……」

と笑って見せた。

高田孝一の表情がいくぶん和んだかのように見えた。

「実は、本日おうかがいいたしましたのは、私どもの従業員の解雇の件で先生のお知恵を拝借できないものかと思いまして……」

「解雇の件とは？」

「山田五郎という部長職の管理職従業員を、**即時解雇**したんですが……」

そう言ったなり、高田社長は黙り込んでしまった。いつまでたっても、彼は口を開こうとせず、じっと考え込んでいた。

私は話の先を促すように、彼の顔を覗き込んだ。彼に限らず、社労士事務所にやってくる依頼人というものは、得てして、このように尻ごみするものだ。多分どこから話していいのやら、糸口がつかめないのだろう。

「解雇したとおっしゃいましたが、解雇の理由は何でしょうか？」

と私は自分のほうから切り出してみた。

「はあ？」

と答えた高田社長の表情に、ちょっとした驚きの色が浮かんだ。

私に、自分の胸中を読まれたと思ったらしい。

「社長。気にしないで下さい。社労士という仕事をしていると、労使関係のトラブルには勘が鋭く働くものなんですよ。とにかく率直に話してください。」

私に言われて、彼は言った。

「それではお話しします。今から5年前に遡るのですが、山田五郎という従業員が飲酒運転による事故を起こして道沿いの家屋を損壊させてしまいましてね……」

彼は一層深刻そうな顔を作りながら話を続けた。

「その件で、労働基準監督署からお尋ねしたいことがあるので、○月○日来署してほしいと連絡がありまして……」

高田社長は横に置いてあった手提げカバンから労働基準監督署からの来署通知書をテーブルの上に置いた。

「5年も前の話に労働基準監督署は何だって言うんです?」

「労働基準監督署は、**給料と損害賠償との相殺**は労基法違反になると言うんです。」

私は頷きながら、

「わかりました。話を続けてください。」

「はい……」

高田孝一は顎を引いて言葉をつづけた。

「山田五郎は社用車を無断で会社から持ち出したうえ、飲酒運転の末、道沿いの家屋に突っ込みました。もちろん、その家は壊れるし、車も大破しました。そこで、会社は就業規則に基づいて、山田に損害賠償を請求し、その返済として、彼の給与から5年に亘って天引きをしていたのですが……」

私は言った。

「確かに労基署の言っていることは間違いないんです。なぜかというと、**労基法24条**は賃金の全額払いを要求しているからなのです。」

高田孝一は困惑した表情を浮かべながら、再び口を開いた。

「先生の言っている意味が分かりません。」

「どうしてですか？」

「だって、山田五郎は給料から天引きすることを承知しているんですよ……」

と言いながら、高田孝一はカバンから一通の書類を取り出し、私の眼の前に置いた。

「拝見しましょう。」

私は書面を手に取った。

書面には次のような文言が書き込まれていた。

「株式会社カイソウ

代表取締役　高田孝一　様

私儀　山田五郎は○年○月○日午前○時10分、東京都渋谷区麻布○丁目○番○号の地において交通事故を起こし、会社の社用車並びに○○○○様の家屋（東京都渋谷区麻布○丁目○番○号）に損害を与えたこと誠に申し訳ございません。

ついては、交通事故により発生した損害賠償額600万円を山田花子と連帯して弁済いたします。弁済方法については、○年○月○日から○年○月○日の5年間に亘って毎月の給料から10万円を天引きして支払わせてもらいます。

○年○月○日

東京都江東区大島○丁目○番

山田五郎　㊞

山田花子　㊞」

「ここに山田花子という人の名前がありますが、この人は誰ですか？」

私はもう一度、書類を確かめながら言った。

「その人は山田五郎の妻です。」

「この書類を書いた時には、山田五郎さんの奥さんも同席していたということでしょうか？　そうすると、山田花子さんも損害賠償について、給料から天引きされることを承諾していたということですか？」

高田孝一は控え目な態度で答えた。

「そうです。」

私は高田社長の顔を見つめながら言った。

「そうすると、山田夫妻に対しての天引きが**自由意思**による自主的なものであると考えてよろしいんですか？　ぶしつけな質問だとは思いますが、事実関係を明確にしておきたいので、失礼を顧みずにお尋ねするわけですが……」

この質問は大事なことなのだ。

2　強行法規と任意法規

そもそも給料から損害賠償を天引きできるかどうかであるが、これは原則として許されない。なぜかというと、強行法規である**労基法24条**に違反する行為だからである。

強行法規とは、**当事者の意思で変えることができない法律**のことをいう。たとえば、労働時間につき労基法で定められた1日8時間、週40時間がその例である。だから、1日10時間、週48時間にすることができないのである。

他方、**任意法規**というものがある。これは、**当事者の意思で変えることができる法律**のことである。たとえば、民法がそうである。

したがって、労基法は民法のように当事者の意思で内容を変えることができる任意法規ではなく、定めに従わなければならない強行法規である。このような理由から賃金は労働者に対し全額支払わなければならない。これを「**全額払いの原則**」という。

ただし、**労基法24条**が厳格に適用され、賃金の相殺や放棄を認めないということになると、それはかえって労働者の働く機会を失わせることになり、労働者の保護に欠けることになるのではないか。たとえば、会社の経営状態が相当程度悪化しており、各種の経営努力がなされたものの、整理解雇や倒産を回避するためには、賃金の放棄や相殺しか、他に取るべき方法がないという場合などがあげられる。

このような場合、使用者が**労基法24条**の全額払いの原則に違反して、たとえ賃金の一部を支払わなかったとしても、それは労基法違反にはならないものと解されている。

高田社長は、首をかしげながら言った。

「先生、なぜ、そんなに承諾にこだわるんですか？」

「それはね、賃金の放棄や相殺が詐欺や強迫あるいは錯誤によって行われることがあるからですよ。したがって、このような意思表示は取り消されることになっているんです。」

3 瑕疵ある意思表示

法律家は、**詐欺や強迫**のことを「**瑕疵ある意思表示**」と呼んでいる。

瑕疵ある意思表示とは、意思と表示との間に食い違いはないのだが、意思決定の過程において、他人からの不当な干渉（強迫等）のため表意者の自由な決定が妨げられた意思表示のことをいう（**民法96条**）。これには、**詐欺による意思表示**と**強迫による意思表示**とがある。

詐欺とは、**欺罔行為**によって他人を**錯誤**に陥れ、それによって意思表示をさせることをいう。詐欺による意思表示は、意思と表示との間に不一致はないが、**意思の形成が不当な干渉**によってなされたとして、取消し得るものとしている（**民法96条1項**）。

わかりやすい例をあげてみよう。

今、労働者Aが使用者Bに騙されて賃金の放棄の意思表示をしたとしよう。このような場合、Aの放棄の意思表示の存在自体は認められるので、意思表示が不存在であるとは言えない。なぜなら、AはBに対して賃金の放棄をする気持ちはあったからである。ただ、賃金の放棄をめぐって、AはBに騙されたということで、賃金を放棄するという意思を持つに至った過程で不当な干渉があったということである。

このような賃金の放棄は一応有効とするけれども、**民法96条1項**で取消しをしたければ、取り消すことができるという扱いになっているのである。

他方、強迫とは、他人に対し害意を示して畏怖の念を生じさせる違法な行為をいい、この畏怖によってなされた意思表示を、「**強迫による意思表示**」という。意思が表示されるが、自由な意思決定があるわけではなく、畏怖によってやむなく表示したにすぎない場合である。

たとえば、使用者Aが労働者Bに対して、「賃金を放棄しろ。しないとお前の私生活をばらすぞ」と賃金の放棄を迫ったため、労働者Bが賃金の放棄をしてしまった場合がその例である。したがって、このような場合、表意者は強迫状態を脱した後、この意思表示を取り消すことができる（**民法96条1項**）。これは、強迫のもとになされた意思表示は、法的に効力があるものとして扱うことはできないからである。

次に、錯誤であるが、これは法律家の間では「**意思の欠缺《けんけつ》**」と呼ばれているものである。意思表示はあったけれども、内心にはそれに対応する意思がなかった場合を意思の欠缺という。難しいことのように感じるかもしれないが、一言でいえば、勘違いである。この錯誤には表示した意思と真意が一致していない「**表示の錯誤**」と、表示した意思と真意は一致しているが、前提となる事実に誤解がある「**動機の錯誤**」がある。

ここで、錯誤の例を労働事件にあてはめてみる。

今、使用者Aが労働者Bに対して「今月の賃金を放棄してくれたら、冬のボーナスは給料の3カ月分出す」という約束を口頭でしたとする。そして、Bは冬のボーナスが給料の3カ月分もらえると勘違いをして賃金を放棄してしまった。

この場合、「賃金を放棄します」という約束は**労基法24条違反**であり、取り消すことができる。したがって、給料の3カ月分のボーナスがもらえると信じて、賃金を放棄した労働者Bは錯誤に陥っていたわけであるから、賃金の放棄の意思表示は錯誤に基づいた意思表示といえる。この場合には、その錯誤が法律行為の目的及び取引上の社会通念に照らして重要なものであるときは、取り消すことができるとする「**要素の錯誤**」があるといえるだろう。

したがって、労働者Bの賃金の放棄の意思表示は取り消すことができる。ちなみに「要素の錯誤」とは、もしそのような錯誤がなければ通常人であればそのような意思表示をしたであろう「**重要な事項**」である。つまり「重要な事項」について勘違いがあった場合に、はじめて取り消すという効果が出てくるのである。

4 賃金の放棄はできるのか

高田社長は納得のいかないような顔を私に向けた。

私は言った。

「社長、**賃金の放棄**や**相殺**は労働者の**自由な意思**によるものでなければならないんですよ。」

私はさらに話を続けた。

「そして、その意思表示が**『自由な意思に基づくものであると認めるに足る合理的な理由が客観的に存在していた』**ことが必要なんです。単に労働者が、賃金の放棄の相殺をすることを署名しただけでは足りないんです。労働者が自己にとって不利益な賃金の放棄や相殺を意思表示するに至った事情が、客観的に存在していたという事実が認められなければならないんですよ。」

「山田五郎の場合、損害賠償と給料を相殺することに同意しているわけですから、**労働基準法24条違反**にはならないんじゃないですか。しかも、この同意書は私が彼に強制したり、騙したりして書かしたものではないです。」

と高田孝一社長は熱っぽい口調で言ってのけた。私の全面的な同意を得ようとするかのように、瞬きもしないでじっと見つめた。

私は大きく頷きながら言った。

「おっしゃるとおりですね。」

私は彼の興奮を静めるため、議論の余地もなく彼の言い分が正しいと言わんばかりの口ぶりをした。

それというのも社労士の仕事は、まず何よりも依頼人に真実を語らせることだからだ。それに、これまで彼から聞いている事実関係を前提にすれば、いまの彼の結論めいた発言は一応もっともなことであった。しかし私としては、彼がどういう法的トラブルに巻き込まれているのか、いまのところわからないのだから彼の話を聞くよりほかなかった。

高田孝一は言葉を続けた。

「それなのに労基署は給料から損害賠償を天引きすることは絶対に認められないと、こちらの主張を認めてくれないんです。」

私は口元に左手をあてながら言った。

「わかりました。それで労基署は何て言っているんですか？」

「労基署は、一旦相殺した６００万円を山田五郎に返せと言うんですよ。それから返済してもらえと……」

5 正義の女神、「テミス」労働基準監督官

「労基署の誰がそんなことを言っているんですか？」

「はい。確か第1方面主任の佐藤江梨子という女性監督官です。」

佐藤江梨子労働基準監督官はまだ30代後半なのに、すでに主任監督官であり、エリートである。我々社労士の間では良きにつけ悪しきにつけ、話題の渦中にあった女性だ。いまどき、女性の監督官などさほど珍しくはないのだが、彼女の場合はそれとは違う。最大の理由は、彼女の美貌と知性にあふれた容姿にあった。いつのころからか、近隣の社労士の

間では魅惑的な女性だという噂が立っていた。

しかし、彼女は**臨検調査**を手がけることが多く、企業に対しては不正義は寄せつけないという、ことのほか**厳しい行政指導**をするという評判が立っていた。


私は、高田社長に向かってたずねた。

「労基署が、なぜ突然に連絡してきたのでしょうか？」

その質問が私の口から飛び出すと、高田社長は顎に指をそえ、ちょっと考えるような顔をしてから、こう答えた。

「先般、山田は性懲りもなく、再び、飲酒運転による人身事故を起こしました。そこで会社としては、彼のような問題社員を就業させておくわけにはいかないと判断をしたものですから、**即時解雇**したんです。多分、そんなことで、山田五郎が監督署に訴えたんじゃないんですかね。」

「なぜ、そう思うんですか？」

「山田五郎は、『オレを解雇するなら解雇してみろよ。そうしたら労基署に訴えてやるからな！』と捨て台詞を吐いていましたからね。」

社長は、憤慨の表情を露わにした。

「それに先生、監督署からは相殺の他に在職中の時間外労働手当の2年間分の未払いも支払いなさいと言っているんですよ。」

高田社長のその声は、いつの間にか怒りに震えていた。

「あ！　先生、大切なことを言い忘れていました。」

私は口元に手を当てがいながら、尋ねた。

「何ですか？」

「いや、山田五郎から労基署に訴える前に話し合いたいから、近くのファミリーレストランに来いと言われたんです。」

「それで、行かれたんですか？」

「来いと言うんですから仕方ありません。本来なら呼びつけられる理由はないんですけど、……できるものなら話し合いで解決したいと考えたものですから……」

「話し合いは、どういう経緯をたどったのですか？」

「物別れに終わりましたよ。それというのも、山田の要求があまりにも理不尽なものだったからです。」

「理不尽とは？」

「まず、即時解雇を撤回しろと言うんです。そして2年間遡った時間外手当を支払え、さらに相殺した600万円は労基法違反になるんだから返せと言い出すんですよ。先生、私はめったなことで腹を立てない質なんですが……このときばかりは我慢がならなかった。

何と言うか山田を……」

と言って、高田社長はあとの言葉を呑み込んだ。

おそらく社長は山田に対して殺意に近いものさえ感じたのではなかったか、私は頷き返し高田社長を見つめながら言った。

「わかりますよ。高田社長の気持ちは……」

と、私はここで言葉を切り、さらにこう言った。

「結局、高田社長が即時解雇を撤回し、相殺した600万円を返したうえで、2年間遡って時間外手当を支払えというのが、山田五郎の要求だったわけですね？」

「いや、それだけじゃないんですよ。彼は即時解雇される理由はないんだから、明日にでも復職させせろと言うんですよ。」

私は言った。

「もちろん、社長は拒否したんでしょう。」

「言うまでもありません。私は拒否をしました。いまさらそんなことができるはずもないですから……」

そう答えた彼の声は、さらに怒りに震えていた。

私は言った。

「つまり、話し合いが決裂したわけですね？」

「はい、その後も、今日まで4回ぐらい話し合いをしました。」

「話し合いの場所は？」

「やはり、ファミリーレストランです。先方が電話をかけてきて呼び出すものですから、やむなくそこへ出かけることになってしまうんです。会社に来られたりしても、嫌なものですからね。私が先方に出向くほうがまだましだと思ったんです。」

「結論として山田さんはどうしろと言うんですか？」

「条件を呑まないなら自分のほうにも考えがあるってそう言うんです。毎回、最後にはそんな言葉を吐かれ物別れに終わってしまうんですよ。」

「考えがあるとはどういう意味なんでしょうね。」

「山田は、労基署へ出向いたそうなんです。それも何度もね。その結果、監督官から即時解雇の撤回もできるし、６００万円の相殺も無効だ。だから返還してもらえる。さらに2年間分の時間外手当も請求できると聞かされたとか……。それって、本当なんですか？」

高田社長は心細げな顔をして、私を見つめた。

私は首を傾けながら、こう言った。

「本当に監督官がそう言ったのかは、すこぶる疑問ですね。」

「疑問と言いますと？」

高田社長は不安そうに私を見返した。

私は言った。

「まず、**即時解雇**ですが、即時解雇できるかどうかは客観的にみて**解雇予告除外事由**の存在の有無によって、その解雇が有効か無効かの効力か判断されることになります。ですから、本件の場合、酒気帯び運転による交通事故なので、これは労働者の責めに帰すべき事由にあたります。したがって、本件解雇には客観的に解雇事由が存在するので即時解雇は有効と解されます。」

高田社長は大きく頷いた。

「なるほど……」

6 民事不介入の原則と、職務権限

私はさらに言葉を続けた。

「次に600万円の相殺についてですが、これもまた監督官の言うような**労働基準法24条違反**と断ずることはできないと思います。なぜなら、使用者が労働者の同意を得て行う相殺について労働者の完全な自由意思に基づいてなされたものと思われますので、その相殺は**労基法24条**のいうところの『**全額払いの原則**』に反するとはいえないからです。

最後に、時間外労働手当の2年間遡りについてですが、これも監督官が言うような遡りができると安易に言うべきではありません。なぜなら、この問題は民事の問題ですから、やたら監督官が介入すべきではないからです。これを**民事不介入の原則**といいますがね。」

高田社長は胸の近くに右手をあててたずねた。

「先生、その民事不介入というのはどういう意味なんですか？」

「**民事不介入**とは、**公正・中立**であるべき立場の行政が私人間の紛争につき、不公平・不平等・不均衡な行政権の行使などして、司法が果たすべき役割をしてはならないという原則のことをいうんです。まあ、一言でいえば行政は司法の範囲を犯してはならないということになりますね。

わかりやすい例をあげましょう。警察官が交通事故で、被害者に代わって加害者に対して損害賠償を払ってあげなさいとは言わんでしょう。なぜかというと、これは私人間の紛争だからですよ。よく警察は民事には介入できないということを、社長は聞いたことがありませんか？」

高田社長は聞いたことがあるかと見え、大きく頷いた。

「損害賠償金を払ってあげなさいといえるところは、裁判所しかないんですよ。したがって、裁判所の役割を行政がやってはいけないんですよ。そのことを行政は司法範囲を犯してはならないということなんですよ。同様にもう一つ例をあげておきましょう。労働基準監督官が労働者に代わって使用者に対して時間外労働手当を支払ってあげなさいという命令はできないんですよ。なぜかというと、この命令も裁判所しかできないのです。」

高田社長はそのことが理解できたのか、何度も大きく頷いた。

そして、高田社長は身を乗り出してこう言った。

「先生、山田五郎との事件を引き受けてもらえますか?」

「もちろんお引き受けいたしますよ。」

と言いながら、私は再び、来署通知書に視線を落とした。


さて、私達2人の会話を聞いていると、いかにも彼らが監督署のやり口に対して端から疑っており、株式会社カイソウをかばいだてしているかのように誤解する向きもあろうかと思われる。

しかし、人権の擁護を至上命令とする真面目な社労士なら、これは当然の姿勢なのだ。

仮に労基署に同調し、株式会社カイソウが本当に労基法違反を犯しているなどと思い込み、それにそのような社労士活動をする社労士がいるとすれば、それこそ社労士法や社労士の倫理に反することであり、その社労士は俗物というよりほかない。

良心的な社労士であればこそ、労基署の態度を疑ってかかるのだ。

国家権力に社労士が同調すれば、健全な労使関係など期待できない。労基署は疑ってかかった企業に対し公権力を行使して、こうと睨んだ線に沿って臨検調査を行う。もし、その場合、臨検調査に携わる労働基準監督官が企業に偏見を抱き、「この会社は労基法に違反している」と頭から決めてかかったとすればどうなるか。その線に沿って都合のよい証拠ばかり集められ、結果として書類送検や公判に持ち込まれる。

そして、担当の裁判官たちが、これまた監督官や検察側の主張に共鳴し、偏見を抱いて判決を下したとしたら、どういう結論を招くか。いわずと知れた冤罪事件を招くことになる。

いずれにしても、社労士が故意に企業に対して労基法違反事実を否認させようとしているとか、人権を盾にとって真実を覆い隠そうとするなどと考える人がいるとすれば、それこそ民主主義に背を向ける考え方の持ち主であるというほかない。

法律学者の書物には、よくこんな記述がある。「**民主主義は国家権力への不信から出発する**」とし、権力を信頼してしまえば、それは独裁への道を開くだけである。

それを思うとき、権力を疑うことが民主主義への第一歩であることが納得できるというものだ。

私は、来署通知書に記載されている調査日までに株式会社カイソウの労務管理に関する諸帳簿を精査し、同社が直面している困難な事態を解決するため専門書や判例集に当たることにした。

7 正義の女神「テミス」との対決

こうして、いよいよ来署期日を迎えた。

私は、急ぎ新橋労働基準監督署に向かった。調査開始時刻は午後2時であった。同署に到着した私は、受付窓口の近くで作業をしている30代後半とおぼしき男性職員に、労働基準監督官の名を告げ、その席へ案内してもらった。

いよいよテミスというニックネームの、美貌と知性あふれる佐藤江梨子と対決するのかと思った私は、気持ちの高ぶりを抑えることができなかった。

「初めまして。監督官の佐藤さんですか？」

私は佐藤江梨子労働基準監督官に向かって言った。

「はい、私が監督官の佐藤ですが……」

若い職員が紹介した女性を見て私は意外に思った。

美貌と知性あふれた女性というからには、最新流行のファッションに身を包み、さっそうと肩で風を切って街中を闊歩する、男勝りの気の強そうな女性ではないかと、勝手に想像をめぐらしていたが、さにあらずだ。

微笑を絶やさない、明るい性格を思わせる色白の美人だった。白のコットン地のブラウスに、フレアースカートといういでたちは、どちらかといえば地味なファッションセンスで、昭和の男を落ち着かせる。往年の名女優、「ローマの休日」のヘップバーンを彷彿とさせる。楚々とした雰囲気は、テミスというより、むしろ大和撫子といった方がふさわしいかもしれない。30代後半であろう彼女の顔面の輪郭は、目鼻立ちがくっきりとしており、優雅にして温かみのある知性が感じられる。

とはいうものの、彼女には妥協を許さぬ凛々しさがどことなく秘められており、なんとも言いようのない不思議な魅力に満ちていた。なかでも、控えめに薄化粧をした美しい容姿には、頑として不正義を寄せつけない崇高さが感じられる。

いつの頃からか、周囲は、彼女のことをテミスと呼ぶようになっていた。

欧米の裁判所には、テミスという正義の女神像をよく見かける（もっとも、日本の最高裁判所にも居る）。左手に天秤を掲げ、右手に剣を握っている女神で、目隠ししている。

彼女がなぜ、目隠しをしているのか。たとえば、紙と鉄を天秤にかけ、どちらが重いかを決めるとすると、当然に鉄のほうが重いと人は思う。それはなぜか。目でみたところ、紙よりも鉄のほうが重いという先入観を人は持つものだからだ。つまり、**予断と偏見があるから**だ。

しかし、目隠しをしていれば、目で見て決めることができない。実際に天秤にかけて重さを測らなければならない。その結果、鉄よりも紙のほうが重いということもあり得る。

実のところ、鉄と思ったのは単なる見せかけにすぎず、鉄のように見せかけた紙製品であり、一方、紙のように見えたのは、鉄で作った模造品だったということもあり得る。

裁判においては、要するに見せかけにとらわれずに、よく実体を見極めて判断しなければ、誤った判決を下すことにもなりかねない、という教訓を象徴化したのが、この**テミスの像**である。

それはともかくとして、佐藤江梨子労働基準監督官が「正義のテミス」というニックネームで呼ばれるようになったのは、彼女が臨検調査の端緒として労働基準法違反事件を多く手がけるようになったことからである。それは、彼女が悪と決めつけたからには、情け容赦なくばっさりと剣を振り下ろすという意味が込められており、また、その凛然とした容姿が評判になり、正義の女神の天秤と剣を手にしたテミス像のイメージがだぶって見えるからであるらしい。

「私は社会保険労務士の河野順一といいます。何ぶんにもよろしくお願いします。」

ひととおりの定型挨拶が済んだところで、私はこう切り出した。

「本日は、私どもの顧問先である株式会社カイソウの従業員、山田五郎の件で来署させていただきました。」

私が言うと、佐藤江梨子労働基準監督官は持ち前の愛想のよい微笑を浮かべながら、

「カイソウさんの従業員山田五郎さんの件ね！　よくわかっていますよ。山田さんからおおよその事情を聞いていますからね。そこで、河野さんにお尋ねしたいことがいくつかあるんですがね。よろしいでしょうか？」

8 社用車の事故で、従業員に損害賠償請求できるか

佐藤江梨子労働基準監督官は、優しげな口調で私に尋ねた。

「まず、お聞きしたいことは即時解雇した理由なんですけれどね。」

私は答えた。

「理由ですか？　それは、山田五郎の飲酒運転による交通事故です。」

「その事故なんですが。会社に損害が発生したんですか？」

「はい。社用車が全損しました。」

「損害保険でカバーできるんじゃないんですか。山田五郎さんは保険金がおりたはずだと言っていますよ。」

私は首を傾けながら言った。

「それは何かの間違いでしょう。通常の交通事故であれば事故を起こした加害者であっても保険に加入している場合、保険金を受け取ることができます。しかし、山田五郎の場合、

飲酒運転による事故です。これは免責事由に該当しますから、加害者には保険金は支払われないんですよ。」

佐藤監督官は言った。

「自動車保険で賠償されないんですか。おかしいですね。」

「おかしいとは？」

私はしらばくれて監督官に尋ねた。

「**飲酒運転という重大な過失**があったとしても、相手方の補償に関しては『自賠責保険』『対人保険』『対物保険』『車両保険』の対象になるんじゃないんですか？　なぜかというと、保険制度における被害者救済の観点から、被害者の損害に対する補償は有効となっているからですよ。」

私は返す言葉に詰まったが、やがて口を開いた。

「おっしゃる通りです。私の説明が足りなかったようです。私はこういうことを言いたかったのです。会社は対物保険も車両保険も損害に見合うだけの保険契約をしていなかったということを……」

「ということは、会社がかけていた自動車保険では山田さんが損害を与えた社用車や家屋に対して損害賠償をすることができないということですか？」

「そういうことですね。自動車保険の場合、確かに飲酒運転による重大な過失があったとしても、相手方である被害者は救済されます。
しかし、加害者は相手方になりませんから、社用車には車両保険を使うことができませんん。」

と言いながら、私は、カバンから株式会社カイソウの就業規則を取り出した。おもむろに、佐藤監督官の机の上にそれを置いた。そして、目指す箇所に指をさした。

条文には、こう書かれていた。

「第〇条　会社は従業員が故意又は過失により損害を与えた場合には損害賠償を請求することができる。」

私は、佐藤監督官に向かって言った。

「会社としては就業規則第〇条に基づいて全損した社用車代金１００万円と〇〇さんの家屋に対して保険で賠償できなかった５００万円につき弁済してもらうということになったんですよ。」

「いえね。私が言いたいのは、山田五郎は会社に損害を与えようとして交通事故を起こしたわけではないでしょう。ですから、全額の損害賠償はきついじゃないですか、と思ってね。」

私は監督官から聞き捨てならない発言があったので、露骨に不快な表情を浮かべた。そして、しばらく間をおいてからこう言った。

「確かに、全額の損害賠償は山田五郎にとってきついでしょう。しかし監督官、よく考えてみてくださいよ。彼の交通事故は業務中ではありませんよ。飲酒による交通事故です。しかも、会社に無断で車を持ち出した挙句に起こした事故です。その結果、会社の社用車を全損させたばかりでなく、○○さんの家に突っ込むなどして建て替えをしなければならないほどの損害を与えているんですよ。このような行為は就業規則第○条に定める『**故意又は重大な過失**』により、彼の行為は労働者の責に帰すべき事由によるということになりますよ。」

しかし、この美貌と知性のあふれる佐藤江梨子労働基準監督官は、なんの反応も示さなかった。この監督官は、調査中に自分が感じた心の動きを、顔色にあらわさないものと心得ているようだ。

私は、内心つぶやいた。

（見た目とは裏腹に、冷たい氷のような女だなあ！）

私が言葉を続けようとしたとき、佐藤監督官は私の言葉を遮った。

「河野さん、私はこう思うんですよ。カイソウさんの事業の性格、規模、施設の状況、山田五郎さんの業務内容、労働条件、勤務態度、加害行為の態様、加害行為の予防、もしくは損失の分散について、カイソウさんの配慮の程度その他諸般の事情に照らし、**損害の公平な分担**という見地から見て、社会的に妥当と思われるような損害額にすべきではないかと思うんですね。」

「では、監督官はいくらぐらいが妥当な損害額だとおっしゃるんですか？」

「そうですね。会社が被った損害のうち、山田五郎さんに対して損害額の4分の1程度ではないでしょうか……」

私は彼女を眺めながら、密かに舌を巻いた。佐藤監督官は頭の切れる女なのだろう。言葉遣いこそ丁寧であったが、有無を言わさぬ強い口調が込められていた。

それはともかくとして、私はこの説明に彼女を油断のおけない労働基準監督官だと思った。

佐藤監督官は、確かに美貌と知性にあふれていた。しかし、たかが女性監督官ではないかと、たかをくくっていたのも事実だったが、実はとんでもない女傑とぶつかったものだと、今さらながら予断と偏見を後悔した。

このとき、私は、ある判例を頭に思い浮かべていた。

その判例とは、**茨木石炭商事件（最判　昭51・7・8）**である。これは、使用者の被用者に対する求償の範囲をめぐって指導的な役割を果たしている判例である。

《判例》

■茨木石炭商事件〈使用者の飲酒運転事故を起こした社員に対する求償〉（最判　昭51・7・8）

【事案】石油・プロパンガス等の輸送および販売等の業務を営んでいた会社が経費削減のため、対人賠償責任保険にのみ加入していたときに従業員が追突事故を起こした。会社は被害者に対して損害賠償を行った。これに関し、会社は損害賠償と合わせて、自己所有の車の修理費や、休車損害を事故を起こした従業員に対して求償したことにつき、その有効性が争われた事案。

【判旨】使用者が、その事業の執行につきなされた被用者の加害行為により直接損害を被り、または使用者としての損害賠償責任を負担したことに基づき損害を被った場合には、使用者は、その事業の性格、規模、施設の状況、被用者の業務の内容、労働条件、勤務態度、加害行為の態様、加害行為の予防もしくは損失の分散についての使用者の配慮の程度その他の諸般の事情に照らし、損害の公平な分担という見地から、信義則上相当と認められる限度において、被用者に対し損害の賠償または求償の請求をすることができるものと解すべきである。

そして、この事件では、会社が直接被った損害および被害者に対する損害賠償義務の履行により被った損害のうち従業員に対して賠償および求償を請求しうる範囲は、

――信義則上損害額の4分の1を限度とすべきである。――

【その他の関連判例】
■滋賀交通事件（大津地決　平元・1・10）
■達田タクシー事件（金沢地判　昭60・9・13）

9　賃金と損害賠償の相殺はできるのか

私はしばらく考え込んでしまった。なぜなら、佐藤監督官の言っていることは、あながち間違っているとは言えないからである。

佐藤監督官は再び口を開く。

「問題は損害賠償額と相殺の件ね！　毎月の給料から5年に亘って天引きしていたことは**労基法24条違反**になるんだけれど……。そのことは河野さん、ご存じでしたか？」

「全額払いの原則のことですか？」

「そうよ、**損害賠償と給料との相殺は強行法規である労基法24条違反になるの**。だから、株式会社カイソウと山田五郎の相殺は無効ということになるの。そんなことすら河野社労士さんは知らなかったのですか？」

佐藤監督官は厳しい表情を見せた。

私は、全身が燃えるように熱くなる感覚を覚えた。

「佐藤監督官、山田五郎さんは相殺に合意しているんですよ。それでも**労基法24条違反**なんですか？」

佐藤監督官は首を数回振りながら、コケティッシュな眼差しを私に注ぎ込みながら、静かに口を開く。

「是正してくれますよね。」

「何をですか？」

「損害賠償と給料との相殺は**労基法24条違反**になるので、天引きした額は山田五郎さんに返してあげてくださいということです。」

私は言った。

「何を根拠に……」

「あのね。河野さん、是正してもらえないと、労基法違反ということで書類送検することもあるんですよ。」

佐藤監督官は冷然としてそういった。

「監督官、それって脅かしですか。」

佐藤監督官は、最初の印象とは打って変わったきつい眼で、私を睨みつけながらこう言った。

「それじゃ、一応、あなたの意見を伺っておきましょうか？」

私の胸の中で激しい怒りが、火のように燃えあがった。

10 被害者の承諾とは

「監督官は、**被害者の承諾**という理論すらご存じないんですか？」

彼女の余裕の美貌は怒気に歪んだ。

「何？ 被害者の承諾って！」

私は佐藤監督官に向かって言った。

「被害者の承諾の理論というのは、刑法の入門教科書ですらよく出てくるものですが、監督官はご存じないようなので、ご説明しましょう。被害者の承諾とは、**法益**の主体である被害者が、自らの法益に対する侵害に同意することをいいます。ついでに、法益とは何かについて説明しておきます。法益とは法が保護してくれる利益のことをいうのです。」

私はここでいったん言葉を切り、少し間をおいてから、一気に言葉を吐いた。

「具体例をあげてこの被害者の承諾の理論を説明しましょう。たとえば、AさんがBさんの家の庭先に置いてあった自転車を盗もうとしたら、Bさんが『盗みたければどうぞ。その自転車をもっていって。ちょうど棄てようと思っていたんだから』などと、持ち去りを許諾したような場合が被害者の承諾なんです。このような被害者の承諾がある場合には、原則として**違法性が阻却される**ことになっているんです。」

佐藤監督官は複雑な表情を浮かべている。私はさらに説明を続けた。

「法益を有している者がそれを承諾によって放棄したため、刑法が保護する法益が存在しなくなるのですよ。」

「ちょっと待って！」

と、佐藤監督官は私の説明を遮った。

「あなたね、私が黙って聞いていたら好き勝手なことを言っているわね。何それ。被害者の承諾があれば、犯罪は成立しないというの？　それじゃお尋ねするわ。暴力団組織における制裁として、人の指を切断するような行為は、傷害罪にならないの？　どうなの！」

そう言い終わると、監督官は、勝ち誇ったように微笑んだ。

「その場合は、傷害罪になりますね。」

佐藤監督官は頷きながら、

「そうでしょう。あなたね、いい加減なことを言ってもらっては困るわよ……。そのほか、こんな場合はどうなの。殺してくれと頼まれて相手を殺してしまった場合、これは殺人罪にならないの？」

「その場合は殺人罪になりますね。正確に言えば嘱託殺人ということになりますね……」

佐藤監督官は馬鹿馬鹿しくて話にならないとでも言うように、ちょっと顔をしかめながら言った。

「そうでしょう。嘱託殺人でしょう。だったらあなたの言っていることはおかしいでしょう……」

佐藤監督官は強気な態度に出た。

「あなたね、まだあるわよ。『私の家を燃やしていいですよ』なんていわれて、その家を燃やしてしまった場合、これ放火罪になるでしょう。えっ？　どうなの？」

佐藤監督官はいよいよ絶好調。むしろ、図に乗っているかに見えた。

私は負けじと、監督官の机に身を乗り出すようにして力説した。

「監督官、被害者の承諾の理論はですね、対象となる承諾は**個人的法益**に限るんですよ。」

佐藤監督官は首をかしげながら、

「それって、どういう意味なのかしら。よくわからないわ。だって、そうでしょう。傷害罪も嘱託殺人も個人的法益じゃないの。それを承諾したんだから、あなたの言う被害者の承諾の理論によれば、犯罪は成立しないことになるわよね。」

佐藤監督官は探るようなまなざしを私に向けた。つぶらな瞳は知的な輝きを放ち、眩しいほどだった。

私は、そのオーラに気圧されそうになりながらも、理性を保ちながら言った。

「個人的法益といっても、それは**財産権**に限るんですよ。つまり、財産権というのは自分の財産なので、それをどう使用するかは自由でしょう。また、それを使って利益を得たってかまわないわけですよ。さらに、自分の財産なんだから、それをどう処分したってかまわないわけですよ。しかし、**社会や国家の法益**が侵害されることに対しては、個人が承諾を与えるわけにはいかないでしょう。したがって、不特定多数の生命、身体の安全が法益となっている殺人罪・傷害罪・放火などのような犯罪については被害者の承諾を認めるわけにはいかないんです。」

佐藤監督官は黙って私の言うことを聞いて、したたかに言い返す余地を探している。

しばらく考え込んでいた彼女は、やがて口を開く。

「河野さん、その合意書なんですけどね。労働者の承諾という形をとっているものの、実際は使用者の圧力によって、相殺されたという場合もありますからね。そのような場合に該らないかどうかを山田五郎さんに聞いてみる必要があると思うんですよ。また、山田さんの自由意思に基づいて書かれたものなのかどうかの認定は本人の内心の問題でしょう？ですから、それを立証するのは難しいのではないでしょうか……」

私は反ばくした。

「そりゃそうでしょう。しかし、**自由意思に基づくもの**であると認めるに足る『**合理的な**

理由』が『**客観的に存在**』していたかどうかという形で、相殺の意思が外部から客観的に判断できる場合には、合理的で自由意思によると解し得る状況にあれば、それは相殺の意思表示があったと認めてもいいんじゃないですか？」

私のこうした意見について、佐藤監督官は首を横に振りながら自身の魅力を最大限アピールすべく、魅惑的な眼差しを私に注ぎ込み、やがて口を開いた。

「賃金は、労務を提供した労働者本人の手に、その全額が使用者から確実に支払われるようにするため定められたのが、**労基法24条**なんです。だから、たとえ労働者の承諾があったとしても、それは認められないんです。」

私は、思いあぐねた。なるほど考えてみれば、佐藤監督官の言っていることは、それなりに筋が通っているかに見えた。

なぜなら、合意による相殺については、相殺一般が「**全額払い原則**」違反になるという前提に立つと、例えば、「**相殺契約**」を結んで相殺することは、当該相殺契約は**労基法24条**の定める基準に達しない労働条件を定める**労働契約**（**労基法13条**）として無効となりそうだからである。

11 自由意思に基づく相殺の意思表示

しかし、結論を急げば、この佐藤監督官の言っていることは、間違いだ。なぜなら、裁判例の多くは合意による相殺を認めているからだ。判例は相殺予約や相殺契約も労働者の完全な自由意思に基づき、かつ、そう認めるに足りる合理的な理由が客観的に存在すれば、全額払いの原則によって禁止される控除に該らないとしているのである。

もっとも、学説では、裁判例同様の立場に立つ「**自由意思説**」と同意があっても違反になる「**一律無効説**」とが対立しているが、最高裁は、労働者の予めの同意に基づく退職金と住宅ローンの相殺が全額払いの原則に違反となるか否かが争われた事例において、全額払いの原則違反とならないとする「自由意思説」を採用している。

私は言った。

「先ほどの繰り返しになるかも知れませんけど、山田五郎が株式会社カイソウに提出した『合意書』は、佐藤監督官が言うような使用者の圧力によって相殺の合意書を書かせたものではありません。山田五郎の完全な自由意思に基づいてカイソウに提出された書面です。」

佐藤監督官は、黙って私の言っていることを聞いている。次に言い返す言葉を探しているかのように見えた。それにしても、相変わらず、彼女は明るく魅力的な女性だった。

佐藤監督官は、こう言い放った。

「河野さんの主張はわかりました。先を話してください。」

私は戸惑いながら言い返した。

「この問題については、まだ回答をいただいていませんが……」

佐藤監督官は言った。

「後で回答いたします。」

12 解雇予告除外認定は、必ず先か

私は何度も頷きながら、

「わかりました。では、次に解雇の問題についてなんですが、これについても意見があります。」

佐藤監督官は顔をほころばせながら、

「どんな意見かしら。」

「この解雇は有効だと思っています。」

佐藤監督官は二、三度、首を横に振りながら、

「この即時解雇は、予告手当を払っていないんですよね。」

「予告除外認定を受けなければ、即時解雇できないですか？」

佐藤監督官は自信に満ちた微笑を浮かべながら、

「**労基法20条**はそれを要請していますけれどね。河野さんが有効だという理由を伺いたいですね……」

私は言った。

「理由はこうですよ。即時解雇が有効か無効かは、そもそも解雇すべき客観的事由が存在するかどうかで判断すべきものだからですよ。」

その時、佐藤監督官はすかさず切り込んできた。

「即時解雇するなら、**解雇予告除外認定**を事前に監督署に出すべきでしょう。そうでなければ、予告手当を支払うべきでしょう。」

私は言った。

「ちょっと待ってくださいよ。確かに即時解雇する場合、御署の解雇予告除外認定を受けなければなりませんよ。しかし、これは『**事前**』**に受けなければならないとは法は定めていません**よね。『事後』ではまずいんですか？　そもそも解雇予告除外認定とは、何ですか？

これは使用者が労働者を解雇するにあたり、解雇予告除外事由の有無を恣意的に判断することを抑制するため、行政監督上の見地から事実認定を行うものに過ぎないものです。監督官は、本当にご存じなかったんですか？」

と、私は強烈な皮肉を飛ばしておいて、次の説明に入った。

「このような理由から、解雇予告除外事由が客観的に存在すれば除外認定事由いかんにかかわらず、即時解雇は認められるのです。」

彼女は不思議そうな顔をして言った。

「それじゃ、**20条2項**は要らないということ？」

「私はそんなことを言っていませんよ。ただ……」

「ただとは……」

「この法文は即時解雇したら行政官庁の認定を受けなければならないと定めてるだけであって、その認定の届出は事前でも事後でもかまわないということではないんですか？」

佐藤監督官は言葉を続けた。

「河野さんね。解雇予告除外認定と解雇の有効無効は関係ないと思うけどね。」

この佐藤監督官が言いたいことを解説すると、こういうことなのだ。

本来、解雇予告除外認定と解雇の有効無効は直接的な関係は有さないということだ。あくまで、解雇予告除外認定が問題となる**「即時解雇」と、民法上の「解雇」は別のもので**

あり、この2つは分けて考えなければならないということだ。

ちなみに裁判例において、私法上解雇は有効であるが、公法上解雇予告除外認定を受けなければならないという表現がなされている。

佐藤監督官は語気強く言った。

「解雇予告除外認定というものはですね。**予告手当の支払い**を免れようとする使用者の恣意的判断を規制する目的で、監督指導上課せられた行政庁の処分なんですよ。この点は、河野さんはわかっていますか？」

「今、監督官、なんて言いました？」

佐藤監督官は、ちょっと眉をひそめながら、

「解雇予告除外認定は行政庁の処分といったのよ。それが、何か？」

佐藤監督官は、居丈高に自分の意見を押しつけた。

私は監督官を見返した。

「解雇予告除外認定は、処分ではないですよ。解雇予告除外認定の処分の性質は、解雇除外事由に該当する事由が存在するか否かを確認する『**事実確認行為**』です。したがって、認定処分は解雇の効力発生要件ではなく、認定申請および認定決定の有無にかかわらず、客観的に解雇予告除外事由が存在する場合は、予告手当の支払いなき即時解雇も有効に成立すると思われますよ。」

「さっきも言ったと思うけど、解雇予告除外認定と解雇の有効・無効とは関係ないと思うけどね。」

監督官の主張はそのとおりなのだ。それなりに筋が通っている。つまり、事実関係を整理してみると、山田五郎が飲酒による人身事故を起こしたため、株式会社カイソウが就業規則の解雇事由に当たるとして、労基法における解雇除外認定を受けずに即時解雇したわけである。

このような場合に大前提となるのが、カイソウと山田五郎との間の労働契約関係という**私法上の関係**と、行政庁とカイソウとの**公法**（**行政法**）**上の関係**を区別することである。

前者である私法上の関係は、当事者が対等平等の関係に立って、契約関係を結ぶ横の関係である。それに対して、後者の公法上の関係は、縦の関係になる。

本来的には、山田五郎が飲酒運転による人身事故を起こした時点で、「**債務不履行**」（**民法415条**）や「**不法行為**」（**民法709条**）の問題が生じる。飲酒運転による交通事故は労働契約の主たる目的である労働義務を履行していないばかりか、誠実義務や忠実義務に反する重大な契約違反であり、故意にカイソウの権利を侵害する行為だからである。

こうした債務不履行である以上、その効力として「解除」が認められることになる。しかし、わが国の場合は、各種の労働法制によってその「解除」の一形態である「解雇」が厳しく制限されている。

とはいうものの、労働契約も契約である以上、その契約違反については解除、つまり解雇が可能でなければならない。株式会社カイソウが山田五郎を就業規則上の規定に基づいて、解雇することは、それが**労働契約法16条**の定めにもあるとおり、客観的合理性と社会的相当性を有しているならば、私法上の効力に関しては否定されるものではない。

◇労働契約法第16条

「解雇は、客観的に合理的な理由を欠き、社会通念上相当であると認められない場合は、その権利を濫用したものとして、無効とする。」

たとえ、労働基準法上の解雇予告除外認定の届出がなされないまま された解雇であったとしても、解雇の効力はあくまで横の関係である私法上の契約に基づくものであるから有効であり、解雇予告除外認定の届出という縦の関係である行政上の届出義務の有無に左右されるものではない。

この点はわかりにくいところなので、さらに極端な例で考えてみよう。仮にある労働者が、ドローンに爆弾を搭載してテロ行為を行い、多数の死者を出した殺人犯だったとしよう。そのような重大な非違行為を行ったにもかかわらず、「解雇予告の除外認定を受けない前の即時解雇であるから、解雇の効力が生じない」などということがまかり通れば、「盗人に追い銭」のようなことを認めてしまったことになるのだろう。

私は言った。

「これには判例があります。」

「ほう、さすがカリスマ社労士の河野さんですね。よく勉強していらっしゃる。いいですよ。聞きましょう。」

ここで、解雇予告除外認定をせずに解雇したケースにおける解雇の効力と、**労働基準法20条違反**の罰則適用につき示された判例を2つあげておこう。

まず、従業員が職務上その他で不当な行為をしたとして、解雇予告除外認定を受けずに即時解雇した事案につき、判例は、「**原告は本件解雇の意思表示は同条第3項の労働基準監督署の除外認定を受けないでしたものであるから無効であると主張する。しかしながら、同条に定める除外認定は同条1項但書に該当する事由の有無につき確認する処分であって右に該当する事由があれば除外認定申請をなさず、また、除外認定がなされなくとも即時**

解雇の効力が生じたら使用者が故意に申請を遅延させ、あるいは除外認定を受けることを拒否しようとした場合、罰則の適用を受けることがあるに過ぎないものと解すべきであるから、原告の主張は理由がない（麹町学園解雇事件・東京地判　昭30・6・21）。」

佐藤監督官は唇を綻ばせ、言葉をつないだ。

「要するに、解雇予告除外認定を受けなくても即時解雇はできる。河野さんは、こう言いたいわけですね。」

「そうです。」

私は、決然とした口調で言ってのけた。

「予告手当を支払わなくても労働基準法違反にはならないということです。」

佐藤監督官は首をかしげながら言った。

「それは、どういうことかしら？」

私は言った。

「解雇除外認定を受けずに解雇したとしても、使用者に故意がなければ、その解雇は有効です。また、除外認定を受けなかったことに使用者の故意がない場合には労基法に定められた罰則を受けることはないはずです。こうした判例を支持するものは、ほかにも、**共同タクシー懲戒解雇事件（横浜地判　昭40・9・30）**や、**旭運輸事件（大阪地判　平20・**

8・28）などがあります。

また、経歴詐称を理由として懲戒解雇された契約社員が解雇無効を求めた事件において、懲戒処分の有効性および除外認定を受けないままでの解雇予告手当不支給等が争われた事件の判決では、「**労基署長による解雇予告の除外認定は、行政庁による事実の確認手続に過ぎず、解雇予告手当支給の要否は客観的な解雇予告除外事由の存否によって決せられるもの**」とし、解雇予告手当支払い義務はないと請求を退けている判例もあります（**グラバス事件・東京地判　平16・12・17**）。」

本件に翻って、山田五郎を解雇した株式会社カイソウが後から解雇予告除外認定の届出を出したとしても、それが認められなければ認められないで、届出義務を尽くした以上はそれでよいことになる。労基署において、解雇予告除外認定が不認定となって是正勧告を受けたとしても、カイソウは即時解雇が有効か無効かについて、「裁判で争い、最終的な判決を待って対応いたします」と回答するか、あるいは「労使で話し合って解決するつもりです」と回答しておけばよいことになる。

彼女の美貌が、再び怒気に歪んだ。

「でもね。やっぱり**20条**の解雇予告除外認定の申請をしないで、即時解雇を行った場合は、**20条**違反として罰則の適用を受けることになると思いますが……」

「佐藤監督官、言葉を返すようで申し訳ないんですがね……。先ほど判例を紹介したと思うんですが、客観的に即時解雇の理由が存在するのであれば、**労基法20条**の解雇予告除外認定の申請をしないで即時解雇を行った場合でも、使用者が故意に申請を遅延させ、あるいは除外認定を受ける事を拒否した場合以外罰則の適用を受けないと思いますがね。この私の主張は、判例や多数の学者の指示を受けていますよ。」

14 即時解雇の有効性と学説

ここで、労働法の代表的な学者である吾妻光俊教授の学説を、御著『労働基準法』から以下に紹介しておこう。

「まず、使用者が第1項但書に基づいて即時解雇をした場合、第1項但書に該当する事由が存在するときについてみると、認定の有無にかかわらず、即時解雇は有効に成立する。したがって事後に認定を受けると否とによって、その効力に影響はない。但し、行政庁の認定は、第1項但書に該当する事由の有無を正確に判断して、不正な即時解雇による労働者の損失を防止しようとする趣旨のものであるから、使用者が、認定を故なく遅らせたり、または認定申請を拒否したりしたような場合には、たとえ客観的に第1項但書該当の事由があるにしても罰則の適用があるとしてよい。

しかし、行政庁に認定を申請した場合、当該事由があるにもかかわらず、除外認定が行われなかった場合には、罰則の適用については、裁判所の最終的判断によって当該事由ありとされれば、使用者は責任を負わないと見るべきであろう。」と述べている。

問題は、客観的に即時解雇の事由が存在しない場合に、使用者の認定申請に対して労働基準監督署長が認定したケースで、これらに基づいてなした使用者の即時解雇の効力はどうなるのであろうか。

この場合、刑事事件の問題としては一般に使用者に故意は認められないから、使用者の労働基準法違反の責任は生じないと解される。

他方、民事上の問題として、この即時解雇の効力を論ずるときは、それは対労働者の関係であるから、刑事上の問題とは別個の考察が必要となる。

この点につき、認定事由がない場合の法律関係について、先の吾妻教授は次のように述べている（前掲書『労働基準法』）。

「つぎに、該当事由がないのに、使用者がありとして即時解雇をした場合には、即時解雇は効力を生ぜず、また使用者がなおその効力を主張して行動すれば、本条違反として罰則の適用を受ける。逆に行政官庁が除外認定を与えた場合にも、即時解雇の効力がそれによって生ずるわけではないが、即時解雇の有効を前提に行動した使用者は、罰則の適用を免れると解すべきであろう。」

では、労働基準監督署が除外認定を受け取らない場合の効力はどうなるのであろう。

実務において、仮に、労働基準監督署が「**解雇後の申請を受け取らない**」と拒否した場合には、行政不服審査法に基づき不服を申し立てることになる。解雇予告除外認定の申請に対する不認定について、**行政不服審査の対象**となるとした裁判例が存在する（**前橋地判　昭43・12・24、同旨京都地判　昭47・4・1、大阪地判　昭57・12・20**）。

労働基準法第20条第1項但書、第3項、第19条（解雇制限）第2項に基づき労働基準監督署長がする解雇予告除外認定は、除外事由たる事実の客観的な存否を確認する処分ではあるが、使用者がした事前の認定申請に対して不認定処分があった場合には、使用者としては罰則適用の危険をおかさなければ即時解雇することができないという行政法上の拘束を受けることになるから、これを免れるため使用者はこうした「**不認定処分**」に対して不服申立てをする法律上の利益があり、したがって右の場合に限って、労働基準監督署長がした解雇予告除外認定処分は行政不服審査ないし行政訴訟の対象となる。

もっとも、この後に**上野労基署長（出雲商店）事件（東京高判　平14・7・30）**において、解雇予告除外認定の不認定に対しては裁判等訴訟で争うことはできないという判断が出された。

なぜそのような判断がなされたのか、その理由と不認定を争えないとすると、解雇予告除外認定がなされないまま解雇したときはいったいどうなるのかを検討していきたい。

15 出雲商店事件における除外不認定の理由とその対応

繰り返しになるが説明していこう。労働基準法上、使用者が労働者に解雇予告又は解雇予告手当の支払いをする義務があるにもかかわらず、それを怠ったまま解雇をすると、**労基法20条違反**として**同法119条**による罰則（6月以下の懲役又は30万円以下の罰金）が科されることになる。また、解雇予告手当を支払わないで解雇したことについて解雇予告手当の請求を労働者が裁判所に提起して支払い請求を認容する判決が出された場合には、解雇予告手当分に加え、同一額の**付加金**を支払うように命じられる可能性が生じる（**同法114条**）。これに対して、解雇予告手当を支払わないで解雇したことにより解雇が無効であるとして、解雇された労働者が、労働者としての地位を確認するように求める請求を裁判所に提起したときは、その結論にも影響を与えることにもなる。

これらを避けるためには、解雇予告除外認定を受けなければならないとされている。このことは何度も説明してきた。

しかし、使用者側からすると、「**労働者に責に帰すべき事由**」があると判断して、除外認定を申請したとしても、労働基準監督署においてある程度の帰責事由の存在を認めているにもかかわらず、除外事由にまでは至っていないとの評価により、労働基準監督署長の認定がなされない（不認定）ことも実務上は存在する。そして、この不認定について、不服申立てをすることも考えられるが、先述した出雲商店事件において裁判で不認定について争うことはできないと判断されている。

それは以下の理由による。

除外認定制度は使用者が労働者を解雇するにあたり解雇予告除外事由の有無を恣意的に判断することを抑止するため行政監督上の見地から事実認定を行うものであるにすぎず、結局除外認定について不認定を受けても、解雇予告等をせずに即時解雇をすること自体はできるし、それにより刑事手続に付されたとしても、結局除外事由は最終的に裁判所が判断するのであるから、除外事由自体が客観的に存在していれば刑罰に処されることはないのである。つまり、除外事由該当事実の有無に関して労働基準監督署長に決定権限はなく、あくまで裁判所が、除外事由に該当するか否かを判断するとしているのである。

客観的に見て、除外事由があれば、裁判でしっかり判断がなされるのであるから、除外事由さえあれば除外認定如何にかかわらず、即時解雇は認められるので、労働基準監督署の不認定を争う必要はないということなのである。判例を見てみよう。

《判例》

■上野労基署長（出雲商店）事件（東京地判　平14・1・31）

【事案】甲野は、X社において貴重品である金やプラチナの地金の管理を担当していた者であるが、永年にわたり、（ア）加工業者に渡すべき新地金を自ら領得し、代わりに原告において行われた金やプラチナの加工に伴い発生した古い地金を無断で持ち出し、これを加工業者に交付し、（イ）かつ、これらの事実をX社に秘匿し、X社には地金をその都度購入して加工業者に交付したごとく装い、（ウ）これらの事実が発覚しないよう地金台帳の記載を中止し、あまつさえ伝票を破棄していた。X社はこの非行が重大で、甲野について解雇予告除外事由である「労働者の責に帰すべき事由」があることは明らかであるとして即時解雇の後、解雇予告除外認定を申請したが、労働基準監督署は当該解雇予告除外認定の申請を却下したため、その不認定を争い抗告訴訟を提起した。

【判旨】解雇予告除外事由の認定の制度は、解雇予告除外事由の存否に関する使用者の恣意的な判断を抑止するという、行政取締り上の見地から、使用者に対して解雇予告除外事由に該当する事実の存在についての行政官庁の認識の表示を受けるべきものとしたものであって、その認識の表示自体に直接国民の権利義務を形成し又はその範囲を確定することを認めているものではないと解される。したがって、解雇の効力は行政官庁による解雇予告除外事由に関する**労働基準法20条3項**、**19条2項**の認定の有無・内容にかかわりなく、専ら**同法20条1項ただし書**の定める客観的な解雇予告除外事由の存否によって決せられ、使用者は、不認定行為を受けた場合であっても有効に即時解雇をすることを妨げられず、反対に認定行為を受けた場合であっても、客観的に見て解雇予告除外事由が存在しないときは、即時解雇を有効なものとすることはできないこととなるものであり、そうとすれば、行政官庁による解雇予告除外事由の認定の有無・内容は、使用者の雇用契約上の地位に何らの影響を及ぼすものではないこととなる。（中略）以上によれば、本件行為は抗告訴訟の対象となる公権力の行使に当たる行為ということはできないから、原告の本件訴えは不適法というべきである。

さらに同事件の、**控訴審（東京高判　平14・7・30）**も一審を維持している。

「私は除外認定の申請をしないとは言っていませんよ。その申請は事後でもかまわないんではないですか、といっているんです。」

「まあ！　わかったわ。それはさておき、ここで、確認しましょうよ。即時解雇した理由は飲酒運転による交通事故なんですか？」

「そうです。山田五郎は5年前にも飲酒運転による事故を起こしているんです。今、監督官から調査を受けている損害賠償と相殺の天引きによる**24条違反**の件ですね。それで天引きを終了した時点で性懲りもなく再び飲酒運転による人身事故を起こしました。」

「それで即時解雇したというわけですか？」

私は二、三度頷いた。

「おっしゃるとおりです。山田五郎の飲酒運転による交通事故は、労働者の責に帰すべき事由に該当すると会社は考えています。」

16 解雇権の濫用と解雇無効

そうは言ったものの、多少疑問が残らないわけではない。その理由はこうだ。

解雇は文字通り労働者の生活を奪うことになるから、その結果およびその家族に深刻な影響をもたらす。そこで、果たして株式会社カイソウの即時解雇は有効か無効かどうかということである。それゆえ、裁判所は解雇には正当な理由が必要であるとか、正当な理由を欠く解雇は無効であるとか、あるいは解雇権の行使が濫用と評価される場合、解雇は無効とするといった考え方がみられるようになってきた。このような判例の積み重ねを経てできたのが、実は**労働契約法15条**なのである。

◇労働契約法第15条

「使用者が労働者を懲戒解雇することができる場合において、当該懲戒が当該懲戒に係る

労働者の行為の性質及び態様その他の事情に照らして客観的に合理的な理由を欠き、社会通念上相当であると認められない場合は、その権利を濫用したものとして、当該懲戒は無効とする。」

さて、ここでいう「客観的合理的理由」とは、法令や就業規則に定める解雇事由が存在し、その事由に該当する事実があることを意味する客観的な事実を求めているのである。そもそも、「**客観的合理性**」が主に解雇の理由に関する要件を欠く解雇が違法であることはいうまでもない。

このことはルールがない、あるいは解雇の原因となる客観的な事実もないのに解雇を認めるわけにはいかないという理由によるものである。

そうすると、次は解雇の必要性に関する要件である「社会的相当性」ということになる。「**社会的相当性**」とは、「**客観的合理性**」のある事実に対し解雇という最終判断を下しても「仕方がない」「やむを得ない」という理由が存在するのかということである。解雇は、労働者の生活基盤、収入源である仕事を奪うという意味で究極の問題である。そのような問題に関しては、その必要性に関しても高度のものが求められるのである。

17　保護事由と帰責事由

では、その必要性を判断する基準は何かというと、それが「**保護事由**」と「**帰責事由**」なのである。

保護事由と帰責事由について考えるときには、「対立する当事者それぞれのプラス面とマイナス面」を検討することになる。

（A）会社（使用者）側の保護事由（プラス面）
（B）会社（使用者）側の帰責事由（マイナス面）
（C）社員（労働者）側の保護事由（プラス面）
（D）社員（労働者）側の帰責事由（マイナス面）

これを分類すると、このようになる。4つもあると複雑なように見えるが、労使トラブルの場面では、通常、**保護事由と帰責事由は表裏一体**の関係になるため、4つのパターンとなる。

たとえば、解雇という社員の地位そのものに関わるような処分の場合には、（A）会社側の保護事由としては、どうしても解雇しなければならない理由が会社に存在することが求められる。解雇も懲戒処分の一つなのであるが、懲戒処分を行う根拠は、究極的には「企業秩序の維持」にある。その社員を解雇しなければ、企業秩序が保てないという事由が会社側にあるということが保護事由である。

では、どのような場合に解雇しなければ企業秩序が保てない理由があるのであろうか。たとえば、本件でいえば、山田五郎が飲酒運転による交通事故を起こして近隣の家屋を損壊させてしまったことがその例である。この場合、（D）山田五郎の帰責事由がそのまま（A）カイソウ側の保護事由となる。飲酒運転による交通事故のような場合には、山田五郎が企業秩序を乱したという帰責事由は大きく、それによってカイソウ側の企業秩序維持のための解雇の必要性という保護事由も大きくなるのである。

この関係は解雇まではいかない各種の懲戒事案の場合でも、同様である。懲戒に値するだけの帰責事由がある行動を社員が行ったならば、それは同時に、会社が懲戒処分を行うことで企業秩序を保つだけの保護事由があるということに通常はなるのである。

さて、前述した**解雇権濫用**を判断する場合の要件は、①解雇の客観的合理性（解雇事由該当性）と②解雇の社会的相当性である。

まず、①の解雇事由該当性に関しては、解雇の事由は、就業規則に規定される必要がある（**労基法89条3号**）。本件の場合は、会社就業規則に基づいた解雇であるので、解雇を基礎づける規定が存在しているということである。次に②の社会的相当性に関しては、山田五郎は会社の許可なく職務以外の目的で会社の車両を持ち出し数回にわたる飲酒運転により、車両に損害を与え、また家屋をも壊し、会社の名誉を害し信用を傷つけるような行為をするなど、就業規則に定められる懲戒事由に該当するレベルの問題行動を繰り返していた。この段階ですでに山田五郎には、カイソウから処分を受けるだけの帰責事由がかなりの部分で認められる。これらの点を併せ考えると、彼には高度の帰責事由が認められる。では反対に、山田五郎に何らかの保護事由が存在するかといえば、それを裏づける事情はない。

一方、カイソウの方はどうだろうか。もちろん、問題行動を繰り返す社員に対して処分を加えなければならないという意味で、保護事由は存在する。これは山田五郎の帰責事由とカイソウの保護事由が表裏一体の関係にあることが多いということの現れである。

それでは、帰責事由の方はどうだろう。解雇に際し、山田五郎に対して段階的処分や弁明の機会という手続的な保障を与えるべきであった。その点、段階的処分がなかったことに関しては、会社にも帰責事由があるといえるだろう。しかし、弁明の機会を与えなかったことに関しては、会社に帰責事由があるかどうか判断は難しいところである。仮に弁明の機会を与えなかったことに関して帰責事由があったとしても、カイソウ側の帰責事由は、山田五郎の帰責事由に比べて圧倒的に軽いものといえる。

山田五郎側に高度の帰責事由があり、それが懲戒解雇事由にも該当するようなものであったという本件について、カイソウが彼に対し解雇処分としたことは保護事由と帰責事由のバランスの観点からみて、相当性を欠くものではなく、解雇は有効と考えるべきであろう。

裁判例でも、預金の無断振替等の規律違反や勤務態度を改めないことから解雇された職員が地位確認を求めたケースである**南淡業協同組合事件（大阪高判　平24・4・18）**でも、社員に高度な帰責事由があることを理由として、段階的処分なしに行われた解雇を有効とした。

ただし、このような判例があるからといって、段階的処分をせずに解雇をするようなことは厳に慎むべきである。**解雇に関する社会的相当性の判断は、①解雇事由の軽重のレベル、②労働者の悔悟、反省、謝罪等の有無、③合意退職、配置転換等解雇を回避する方策の存否等を総合的に考慮して決せられる（ライトスタッフ事件・東京地判　平24・8・23）**ものであり、③の解雇を回避する方策として、注意・指導、処分という段階を踏むことは当然求められるからである。

18 賃金請求権は、労働者固有のもの

再び、新橋労働基準監督署である。

机を挟んで向かい合っている2人に、張り詰めた空気が流れていた。

佐藤監督官は言った。

「解雇予告除外認定についてのあなたの主張はわかったわ。」

「わかってもらえれば。それでいいんです。」

佐藤監督官は答えた。

「私はわかったとは言っていないわよ。あなたの主張はわかったと言っているのよ。かん違いしないでね。ところで、時間外手当の件だけど、カイソウは山田五郎に支払う用意があるのかしら?」

私は言った。

「山田氏はなんて言っているんですか?」

「未払い残業代を2年間遡って払ってもらいたいと言ってきているわよ。」

佐藤監督官は強い口調で言った。

「2年間ですか?」

「そうよ。」

「穏やかではないですね。それで未払い残業代はいくらになるんですか?」

「山田さんが持参したタイムカードによるとね……」

「ちょっと待ってくださいよ。山田さんはタイムカードをもって来たんですか?」

「いいえ、タイムカードのコピーなんだけれどね……」

私は首をかしげながら言った。

「それにしても、無断でタイムカードをコピーしてそれを監督署に持参するなんて。それは問題ありですね。」

佐藤監督官は言った。

「一体、どんな問題があるというのかしら?」

「問題は大ありですよ。タイムカードは会社の重要な書類ですよ。それを会社の許諾なく監督署に持ち込むなんて許せませんね。」

「河野さん、あなたとそのことについて議論しても仕方がないので、先に進むわよ。」

「それはないでしょう!」

「じゃ、どうしたらいいの。その点について、問題があるのなら、それは山田さんと株式会社カイソウで解決すべきことじゃない。監督署としては、労基法違反の申告があれば、それを調査するだけなのね。」

佐藤監督官は(どう? 文句はないだろう)と言いたげな顔を私に向けた。

そして、こう言った。

「タイムカードによれば、この山田さんは9時に出社し、夜9時に帰っているのよね。こういう状態が2年以上も続いているのよ。本来カイソウの就労時間は始業が9時で、終業が6時でしょう。そうすると、毎日3時間、時間外労働をしていることになるのよ。」

「そうですね。」

「カイソウの所定労働日数は20日ですよね。」

私は頷きながら、佐藤監督官の次の質問を待っていた。

佐藤監督官は言った。

「そうすると、時給単価4、688円で、3時間の時間外労働を、月20日間すると、2年間でおよそ844万円ということになるかしらね。」

佐藤監督官はいよいよ居丈高になり、後へは引かない強い構えを見せた。

こうなったら双方の間に白熱した激論が闘わされるであろうことは火を見るより明らかだった。

私は言った。

「過去2年分という期間の根拠は何ですか？」

「それはね。**労働基準法115条**の賃金債権の時効が2年と認められているからよ（ただし2020年4月1日からは、当分の間、時効は3年に変更される）。」

「その条文は監督官に与えられた権限ではないですよね。」

「どういう意味かしら？」

「その条文は、監督官が活用する条文ではないということですよ。つまり、その法文は山田五郎が賃金請求権として権利を行使できるものだということですよ。」

「それがどうかしたのかしら？」

「監督官には株式会社カイソウに対して2年分の賃金を山田五郎に支払ってやれとは言えないということです。」

「なぜ、言えないのかしら？」

「監督官にそんな権限がないからですよ。」

佐藤監督官の表情が険しくなったかに見えた。

私は言った。

「仮にも監督官が、タイムカードの打刻から時間外労働をした時間を算出して、未払い分につき、過去2年間遡ってカイソウに支払うよう強制するようなことはやめてもらいたいですね。」

19 監督官は財産権の侵害をしている？

佐藤監督官は私の意見を黙って聞いていた。

私は言葉を続けた。

「**憲法29条**をご存じでしょうか？」

黙って聞いていた佐藤監督官は、穏やかに微笑を浮かべながら口を開いた。

「知っているわよ。財産権は侵してはならないということでしょう。それがカイソウとどう関係があるのかしら？」

「監督官が株式会社カイソウの**財産権を侵害**していることになるからですよ。」

「どういうふうに侵害しているのかしら？」

私は言った。

「監督官、いいですか。つまり、こういうことなんですよ。監督官が労働者山田五郎に代わってカイソウに対し2年間の未払い分を支払えということは、カイソウの財産権を侵害したことになるんですよ。わかります？」

すると、突然、佐藤監督官はこんなことを言い出した。

「河野さん、あなたって変わった人ですね。」

「佐藤監督官、あなたも十分変わった人ですよ。」

お互いに微笑みながら、相身互いと見つめ合った……。

しかし、2人はすぐに相手と舌戦をしていることを思い出し、真顔になった。

佐藤監督官は言った。

「監督署としては、所定労働時間を超えた時間外労働については割増賃金を支払うよう、カイソウに是正勧告するのは当然のことだと思うんですがね。」

「ではお尋ねします。割増賃金の算出の根拠は何ですか。タイムカードですか?」

「それは当然でしょう。」

私は、佐藤監督官に向かって熱っぽく自説を開陳した。

「タイムカードはそもそも正確な労働時間を計ることはできませんよ。これは国会でも実は平成15年に取り上げております。当時の野党で民主党代議士の長妻さんが、タイムカードというものについて、質問しているんですね。どういう質問かというと、『どうして厚生労働省はタイムカードを使わないのか』というわけです。その時の国の答弁が凝っているわけですね。『タイムカードでは正確な労働時間を反映することはできない。だから使わないのだ』というんですよ。そうすると、タイムカードが正確じゃないということを認識していながら、なおかつ、どうして自分のところで使わないものを民間の企業に対して押し付けるのかということなんです。

そもそも、これが問題だということです。なぜかというと、タイムカードでは午前9時に出社し、午後9時に帰った。でも、午前9時に出社して午後9時に帰ってきたことが証明できても、午前9時から午後9時まで労働していたことの証明にはならないんですよ。確かに働いてたこともあるでしょう。午前9時から午後9時までであれば、時間外労働が

3時間あるわけですからね。しかし、これは働いていたことが正確な労働時間じゃないですね。にもかかわらず、監督官は、タイムカードをもって憶測や推測で時間を推し量ると、3時間ということになる。所定労働日数20日だということになると、月の時間外労働時間が60時間だというわけです。これは、ちょっとひどすぎるなと思います。『ある程度、確かに働いていた疑いがある』とか、あるいは『時間外があるようです。きちっと、この点について、労使と話し合いをして解決をしてください』というのが、是正勧告ではないんですか。是正勧告は行政指導でしょう。行政指導は処分ではないはずです。」

20 是正勧告は行政指導、処分ではない

ここで、私は一息を入れて、おもむろにカバンから六法全書を取り出し、目指すページをめくり、その箇所に指を添え、その条文を監督官に見せた。

そこには、こう書かれていた。

◇行政手続法第2条第6号

「行政機関がその任務又は所掌事務の範囲内において一定の行政目的を実現するため特定の者に一定の作為又は不作為を求める指導、勧告、助言その他の行為であって処分に該当

しないものをいう。」

つまり、行政指導にあたっては、行政指導に携わる者は、いやしくも当該行政機関の任務又は所掌事務の範囲を逸脱してはならないこと及び行政指導の内容があくまでも**相手方の任意の協力によってのみ実現**されるものであることに留意しなければならないということになる。

ここで、行政指導について説明しておこう。

行政行為との区別という意味で重要なのは、この定義の最後の部分であり、**権力的な法的行為**である「**行政行為**」と異なり、「**行政指導**」は**非権力的な事実行為**なのである。また、行政機関は所掌事務を超える行政指導はできないこと、国民全員に対してなされている不特定の行為も、行政指導には当たらないということに注意する必要がある。

さて、ここでいう**行政行為**とは、これによって国民の権利義務の変動（発生・変更・消滅）が生じる行為をいう。

たとえばAが、税務署長から「50万円の税金を払え」といわれた。そうするとAには「50万円の税金を支払う義務が生じる」から、この行政行為は法的行為である。行政契約も、成立すれば、土地の所有権が移転したり、代金支払い義務が生じるので、これも「法的行為」である。

これに対して、法的行為以外の行政指導（行政活動）を「事実行為」という。

21 事実行為とは

事実行為とは、たとえば警察官からの道案内とか、労働基準監督官が立ち入り調査の結果、事業主に対して時間外労働手当を「3カ月分あるいは2年間分を従業員に支払ってください」とか、ゴミをどかせるとか、道路を掃除するとか、これらは事実上の状態を実現する行為であって、それによって「権利」や「義務」が発生するものではない。つまり、たとえば、警察官から道案内してもらった人は警察官から教えてもらったとおりの道順で目的地に向かう義務が発生するわけではないし、また、労働基準監督官に指導された事業主は指導されたとおりに労働者に対して時間外労働手当2年間分（賃金の請求権は2年間となっていたが、2020年4月1日以降時効は3年となった）の支払い義務が生じるわけではないのである。

また、ゴミをどかさなかったからといって、道路を掃除しなかったからといって、処罰されるわけではないのである。

このように事実行為である行政指導は道順の助言を受けたり、協力を求められたりするだけで、一方的にそれに従わなければならないというものではない。

他方、「あなたは掃除しなさい」とか、「ゴミをどかしなさい」とか「道路を掃除しなさい」などという命令を出す。そうすると、それは、行政行為となる。

そして、その義務を実現する、その人が従って行っているのが事実行為である。契約があっても、その履行があるのと似ている。なお、請負契約をして道路掃除をするとなると、それは道路掃除をする義務を負わせるという法律行為があって、その履行として事実行為があるということになる。

22 行政指導と行政行為の違い

さて、行政指導を理解するうえで大切なことは、行政指導が相手方の任意の協力によってのみ実現できるということである（**行政手続法32条1項**）。よって、行政指導に従うかどうかは、まったく相手の自由意思で決められるということである。

この点が、相手方に義務を課する「行政行為」と異なるところである。したがって、行政は行政指導をするにあたって、相手方を強制したり、威嚇的な態度をとることはできないのである。このように、行政指導は相手方の任意性が前提となる。仮に、相手方が行政指導に従わなかったとしても、それを理由に不利益な取扱いをすることは許されない（**同**

法32条2項）。なぜなら、そうしないと、行政が行政指導を行う際、これに従わなければ将来、不利益に扱うことを告げる等して、結果として、同指導に従うよう強制してしまうことになりかねないからである。

たとえば、労働基準監督署が事業主に対して行う、時間外労働違反に関する未払い賃金につき、2年間遡り、支払いの是正勧告をする際、「最終的に支払いをしなければ、送検することもありますよ」などと、罰則を背景にして、強制的に支払い命令をかけてくる場合には、それは事業主の任意の協力ではなく、「指導に従わなければ処分する」といった脅かしが来てしまうことがある。また、労働基準監督署としても、強制力をちらつかせながら指導することになりやすい傾向がある。

仮に、事業主に対して、労働者の時間外労働に関する未払い賃金につき、出頭命令などの行政処分がなされたとすれば、事業主には、それに従う法的義務が発生するのは当然のことである。

しかし、あくまで行政指導の段階では強制力がないので、その指導に従うのかどうかは事業主の全くの自由であり、労働基準行政としては、その自由意思に圧力をかけるような発言や行動は慎まなければならないのである。

このようにいうと、強制手段があるならば、それを使えばよいではないかという人が少なくない。しかし、労働基準監督署が強制手段を行使するには、根拠となる法に定める一定の手続（刑事訴訟法など）が必要となり、大変な手間と時間がかかることになるのである。

そこで、労働基準監督署があえて天下の宝刀である強制手段を持ちださなくても、事前に同じ内容の指導を行うことによって、事業主が納得すればスムーズに労働基準監督署が目的とした内容を実現できることになる。この指導で目的が実現すれば、行政側には、手間も時間もかからずに済む、という実益がある。

たとえば、労基法違反のケースでいえば、時間外労働違反の部分を指導したところ、事業主が納得して、未払い時間外労働手当につき、自発的に労働者に支払ってくれるならば、労働基準監督署が出頭命令などして強制的に出頭させる手続は一切要らなくなる。時間的にも費用の面でも大変、効率的なのである。これが行政指導の重要な働きの側面である。

23 タイムカードは正確な労働時間を反映していない

さらに、ここは再び、新橋労働基準監督署。

私は、言葉を続けた。

「行政指導というのは、あくまで指導なんですよ。命令じゃないんですよ。ですから、仮にこれに従わないからとしても、従わないことを理由にして、不利益を受けることはないということです。それは**行政手続法32条**にきちっと条文が定められておりますね。この点をやはり監督官はこうした行政手続法をよく勉強していただきたいと考えています。それがタイムカードの点ですね。」

佐藤監督官は勉強していただきたいと言ったことに対し、敏感に反応したのだが、彼女の表情が見るみるうちに緊張したかに見えた。

「忘れていました。もう一点。タイムカードが正確な労働時間を反映していないということであるならば、じゃあ、誰が決めるのかという点です。私は、それは労働者と使用者が話し合って解決すべき性質のものだと思っているわけです。

それをいわゆるタイムカードだけをもって監督官が『○時間働いているから』というと、これは推測であり、いかがかなということになります。なぜなら、その監督官は労働者が働いていることを四六時中そこで見ているわけじゃないですからね。ですから、監督官が見ているならいざ知らず、そういう正確じゃないものをもって、いわゆる『60時間ならば60時間分の時間外手当を払いなさい』というのは間違いだろうと私は考えているわけです。」

佐藤監督官の眼が光った。

「タイムカードとは、労働者の『労働時間』を確認するために存在するものよ。何時から何時まで会社の建物の中にいたのかを説明するためのものではないんですよ。したがって、タイムカードに記載されている時間は、イコール労働時間だと監督官は考えているわけ。労基法では使用者に対して労働時間を管理する義務を課しているでしょう。その法的根拠は**労基法108条**の賃金台帳の調整ということになるかしら？」

この点につき、判例上も、「**労基法は、（略）時間外労働、深夜労働及び休日労働についての厳格な規制を行っていることに照らすと、使用者の側に、労働者の労働時間を管理する義務を課していると解することができるところ、被告（使用者）においてはその管理をタイムカードで行っていたのであるから、そのタイムカードに打刻された時間の範囲内は仕事に当てられていたものと事実上推定されるというべきである。仮にその時間内でも、仕事についていなかった時間が存在するというのであれば、被告において別途時間管理者を選任し、その者に各従業員の毎日の残業状況をチェックさせ、記録化する等しなければ、上記タイムカードによる勤務時間の外形的事実を覆すことは困難というべきである（京電工事件・仙台地判　平21・4・23）**」としている。

また、**労基法108条**等に基づき労働時間を適正に把握することを義務付けられる会社が従業員の労働時間を厳格にしておらず、原告が午後9時ごろまでは営業及び督促業務に従事していたことについて、積極的に反証していないことに照らすと、A営業所およびE支店勤務中の終業時刻は、どんなに早くとも午後9時を下回ることはなかったと認めることに十分な合理性がある（**VESTA事件・東京地判　平24・8・30**）とされたものがある。

佐藤監督官はこれらの判例のことを言っているのであろう。

私は、言った。

「ちょっと確認しておきたいのですが、監督官は先ほど、タイムカードに記載されている時間は、イコール労働時間だとおっしゃっていましたが、そうすると、タイムカードがイコール指揮命令ということですか？」

佐藤監督官は答えた。

「私はそういうふうに思っていますよ。タイムカードの時間は指揮命令下に置かれた時間と実体が合うことが多いでしょう。仮に時間外労働をしていないと会社側がいうのであれば、会社側がそれを証明すればいいいんじゃない。」

私は、熱っぽく再び意見を述べた。

「今の話ですと、立証責任は使用者側にあるということですね。私は実は所定内労働時間については、使用者側に労働時間の管理があると思うんですよ。労働基準法というのは、本来は残業をさせちゃいけないんですよね。予定しているのは、1日8時間、週40時間しかやらせちゃいけないんですよ。だから、それを超える場合には36協定を結び、お互いに労働者と使用者が合意で承諾して、そして時間外をやっていいですよということだろうと思うんです。

そうすると、そういうことから照らすと、所定労働時間についてはまさに使用者側が労働時間の管理をするということがいえます。しかし、所定外労働時間については労働者がきちっと管理する必要があると思うのです。なぜならば、利益のある人が立証するというのはやはり当然の原則だろうと思うんですよ。何時間働いたということを労働者側が使用者に証明してもらわなければ、使用者はどうやって払うかといったら支払いようがないと思うんです。

そういうことから考えますと、私はこの労働時間の認定の問題は3つの考え方があると思っています。

1つは、要するにこの労働契約を時間的な拘束性に求めるものですよね。つまり、この拘束された時間内に労働者がきちんと仕事をしていると推定できるとしたうえで、もしそうでないと主張するのであれば、使用者が反証をあげなければならないというもの。つまり使用者の方でその労働者が仕事をしていないと主張するのであれば、使用者がこれを証明しなければならないということです。そして、労働者がその時間内に仕事らしい仕事をしていなかったという事実を使用者において証明できない場合に限って、賃金とか割増賃金の支払いを免れることはできないという考え方ですね。

2つ目は、労働契約を業務遂行性に求めるもの。これはどういうことかというと、その時間内にきちんと仕事をしていたかどうかは、その主張によって利益を受ける労働者が主張すべきだということ。したがって、労働者がその事実を証明できなかった場合には、使用者は賃金や割増賃金の支払い義務を負わないという考え方です。

3つ目は、労働基準監督行政が軸足を置いている説ですね。使用者の労働時間の把握か算出義務は、**労基法108条**の賃金台帳の調整義務に関する規定にその根拠を置いている。つまり、**平成13年4月6日の基発339号**で、時間管理の責任は使用者にあるとする考え方です。こういう3つの考え方があるだろうと思うんです。

私はこのうち、先ほど言いましたように、所定労働時間については第1の説が妥当だと思います。つまり、労働契約による拘束された時間の中では、労働者がきちんと仕事をしていたと推定するということです。したがって、遅刻や早退を繰り返す、あるいは**職務専念義務違反**などによって使用者が労働者に対して懲戒処分を発令する際には、使用者がその根拠たる事実を示さなければいけないということですね。

そもそも、会社というのは、労働基準法の精神から見ても、労働者に残業をさせるということを予定して労働契約を締結していないんですよ。そこで使用者が労働者に時間外労働をさせる場合には、労使の36協定を結んで、そしてその部分については当初の労働契約とは別個の取り決めとして扱っている。したがって、使用者が予定していない労働時間にまで、使用者に時間外管理の責任を負わせるのは酷だなと私は考えるわけです。したがって、予想外の労働契約である時間外労働については、第２説のような、利益を得る者、すなわち労働者が立証責任を負うと解されると、私はそういうふうに理解しているわけです。」

佐藤監督官は黙って聞いていたが、やがて口を開いた。

「ご高説はうけたまわったわ。あなたの労働時間の認定の考え方については、大変参考になったわ。確かに労働時間については、あらゆる意味で労働者側に**主張立証責任があるということは私も理解しています。でもね、立証責任が誰にあるかという問題と、労働時間の管理の責任がどちらにあるかという問題は、別々に考えるべきだと思う。**繰り返しになりますけどね。立証責任が労働者側にあるということを否定する人は誰もいません。つまりね、訴訟になると、自分がどれだけ時間外労働をしたかということについては、労働者がその実態と時間数についてはきちっと立証しなければいけません。それに失敗すれば、労働者は一文も取れないことになりますからね。

問題は、自分が時間外労働をしていたかどうかという立証をどれくらい厳格に求めるのかというところが次の問題なんですよ。この問題については、時間外労働であっても労働時間の管理責任はあくまで使用者にあるということもほぼ異論のないところだと思うの。

なぜかというと、時間外労働を適法に命じるためには、36協定があるだけではいけないんです。就業規則等によって時間外労働を命じる根拠がなければならない。使用者側は時間外命令を発令して、初めて労働者は時間外労働を合法的にやれるわけですよ。つまり、時間外労働が成立するためには、そもそも使用者の指揮命令があるということが前提なんですね。ここまではお分かりでしょう。」

佐藤監督官は笑みを口元に浮かべながら、私に同意を求めてきた。

私は頷いた。

佐藤監督官は、さらに自信ありげな不敵な笑みを浮かべながら言葉をつなぐ。

「指揮命令がなくて、勝手にやっているものは、そもそも労働時間じゃないですからね。そうだとすると、それはもう最初から労働者は負けているわけですよ。なぜなら、それは労働時間じゃないですから。したがって、時間外労働にならないからです。

逆に言うとね、河野さん。時間外労働があるという議論をするときは、その前提として使用者側が指揮命令をしているかどうかということですよ。それは黙示の指揮命令というものもありますけれども、何らかの形で指揮命令をしているわけです。それは使用者の管理下にあるわけです。だから、そのことについては、使用者側が時間数を把握するというのは当然のことなんです。

そうした実態を考えるとね。労働者側が立証責任を負っていたとしても、どれだけ時間外労働をしていたかという立証責任の負担を労働者側に負わせるのは気の毒であろうということで、実際には、立証責任は労働者側にあるんだけれども、その立証の程度を緩和して、ある程度立証すれば、あとは使用者側がちゃんと反証しなさいという形になっていると思うの。今、河野さんが問題にしているのは、たぶん使用者側に反証させるというところがあまり強すぎるのではないかという指摘だと思うんですよ。」

私が反論しようとしたとき、監督官は私の次の言葉を手で制止した。

「河野さん、あなたは私と時間外労働をめぐって永遠に議論をするつもりなの？　それならお断りよ。私が言いたいのは先ほどから言っているように時間外労働をしていないと会社側が言うのであれば、会社側がそれを証明すればいいということなのね。したがって、それを証明できないのであれば、タイムカードに記載されたとおりの労働時間を時間外労働ということでカイソウに対し是正勧告を出すことになります。」

佐藤監督官は強い口調で言葉を吐いた。

私は言った。

「そうすると監督官はカイソウに対し、過去2年間遡って時間外手当を支払えと命令するということですか？」

「そうよ。それが何か？」

「いや、再度言いますよ。監督官にはそんな権限はないと思うんですがね。」

私のこの主張は、的を射ていた。以下に説明しよう。

24 監督官と三権分立

1) 三権分立とは

ところで、是正勧告を考えるとき、私たちは「**三権分立**」を念頭に置いて対応しなければならない。

この「**三権分立**」とは、民主主義国家において、権力が集中して専断的な国家運営がなされないよう、**立法・行政・司法の3つに分散**させ、**三権が互いに抑制し合い、均衡を保つことによって、権力の行き過ぎを防ぐ**仕組みである。

具体的には、日本国憲法により次の図式が成り立っている。

●立法権……法律を作る権限。国会が持つ。
●行政権……法律に基づいて政治を行う権限。内閣が持つ。
●司法権……法律に基づいて裁判を行う権限。裁判所が持つ。

これを確認したところで、是正勧告における労働基準監督機関の対応について検証を加える。

[三権分立のイメージ]

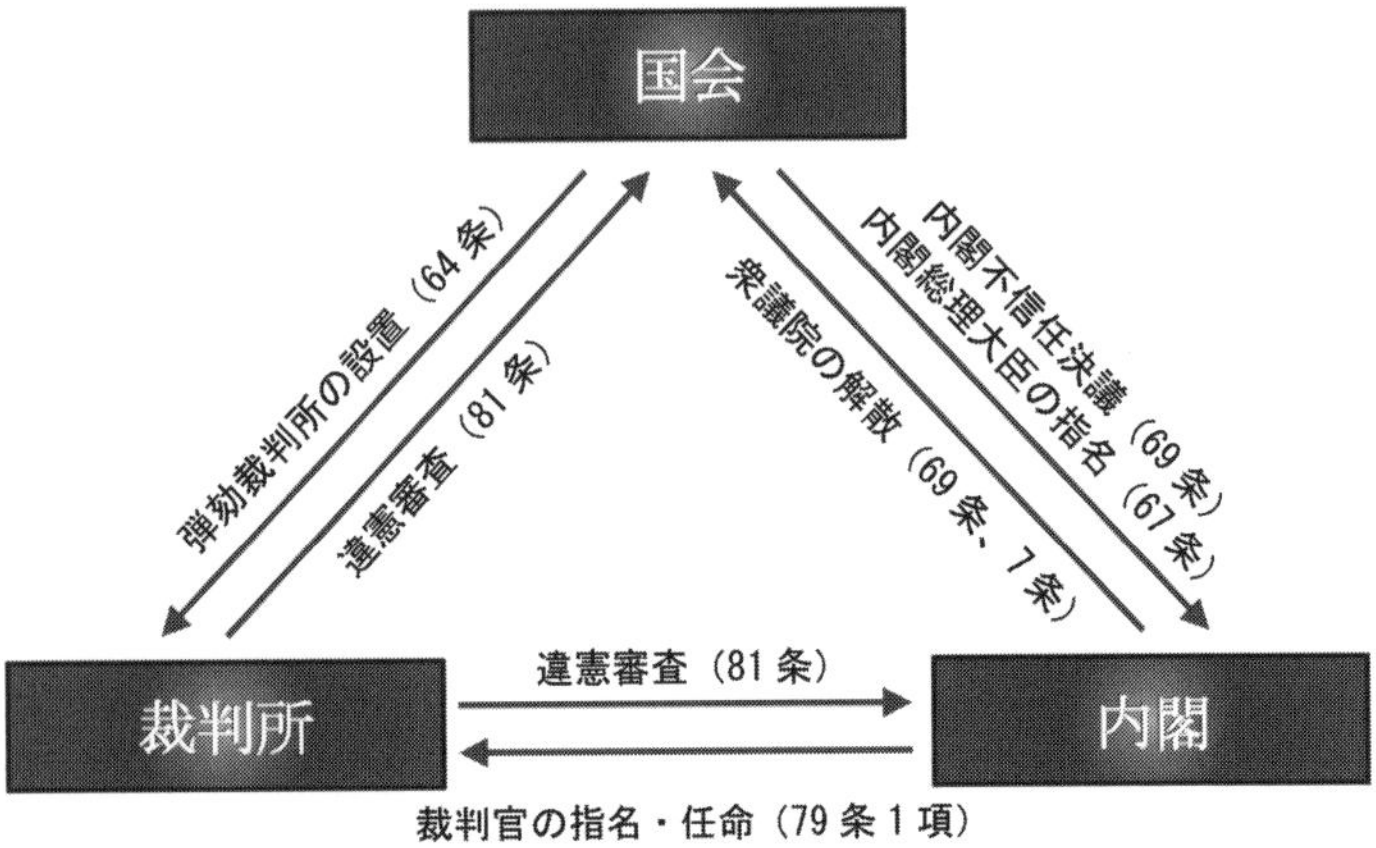

つまり、国民の代表である国会議員が、民意を反映させる国会で労働基準法等の労働関係各法を作る。これが「**立法権**」である。

次に、「**行政権**」は内閣が持つが、政治の内容は多岐にわたるため、行政主体（国・地方公共団体）のために、その手足となって職務を行う機関が必要となる。それが「**行政機関**」であるのだが、行政機関には法律により、一定の権限と責任が割り当てられる。労働法令違反行為が事業所に働く労働者に、重大にして、かつ、深刻な被害を及ぼす前に、それを是正し、労働法令を遵守させることを目的に、労働法令に定められた「行政機関」たる「労働基準監督官」が司法警察官の役割を担う。

最後に、法律に基づいて行政がうまく機能しているかをチェックする機能を、裁判所が受け持つ「**司法権**」である。

2) 臨検調査、何が問題か

これまで当然に行われていた、監督官が行う一般的な是正勧告の取扱いは、たとえば、「退職労働者等の申告に基づき、臨検調査を行う。調査の結果、タイムカードの打刻時刻から時間外労働をした時間を算出して、未払いの分につき、過去2年間に遡って事業主に支払うよう、是正勧告を出す」というものであった。勧告に従わない場合には、送検することもあると、罰則をちらつかせて勧告することもあった。

ここで大きな問題となる点は、監督官が事業主に対して、「タイムカードの打刻時刻に基づいて計算し、残業代を支払え」と、是正勧告とは名ばかりの命令を出してしまうことである。しかも、不利益処分を背景としてという点である。

タイムカードに打刻された時間中、その全部につき、事業主の指揮命令下に労働者が労働を提供していたならば、事業主が労働者に対して未払い残業代を支払うのは当然である。しかし、労働者が、事業主のあずかり知らぬところで、勝手に事業場に滞留していたとしたらどうだろうか。つまり、労働者が残業代欲しさに居残り、労働者と事業主が残業した時間に対して争いのある場合にまで、監督官が労働者側に立って、事業主に残業代の支払いを命令することができるのかという問題である。

3) 許されない三権の一極集中

前述の「**行政行為**」と「**事実行為**」のところでも触れたが、罰則を背景に、国民の意思にかかわらず、権力的に行う行政活動は、「行政行為」である。行政行為には法律の授権が必要であった。他方、是正勧告は行政指導であり、行政指導は事実行為であるため、本来、原則として、国民の同意を要件に行われる。

したがって、前記のような取扱いをする監督官は、自分で勝手に法律があるものとして、行政行為をしてしまっているのである。つまり、本来は国会の役割である立法権を行使し、監督官が恣意的に行政活動に必要な法律を作り上げてしまっているのである。

次に、監督官は行政庁の執行機関であるから、行政権を有していることに異論はないだろう。前述したように、自分が勝手に作った法律に基づいて、行政活動をしたことになる。

さらに、労使に争いがある時間外労働時間について、一方的に労働者の肩を持ち、タイムカードの打刻時刻を基礎に、時間外労働の未払い賃金を算定する。これにつき、消滅時効にかからない「2年間遡って残業代を支払え」と命令する行為は、司法権を持つ裁判所の役割を代行していることになる。

こうして考えると、本来は、立法・行政・司法と3つに分散させ、三権が互いに抑制し合い、均衡を保たなければならないはずの国家権力を、監督官が思いのままに、3つまとめて行使していることに他ならない。権力の濫用も甚だしい実態であるといえよう。

25 行政指導のあるべき姿

1) 行政指導の主体

ここで再度、行政指導とは何かを確認しておく。

行政指導とは、**「行政機関がその任務又は所掌事務の範囲内において一定の行政目的を実現するため特定の者に一定の作為又は不作為を求める指導、勧告、助言その他の行為であって処分に該当しないものをいう」（行政手続法2条6号）**。

すなわち、行政指導とは、行政庁が行政目的を達成するために助言・指導といった非権力的な手段で国民に働きかけ、国民を誘導して、行政庁の欲する行為をなさしめようとする作用であるといえよう。

では、どのような場合が行政指導になるかというと、この条文で規定しているように、以下の要件に当てはまる場合である。

第1に、行政機関がその任務または所掌事務の範囲内において　行う行為であること。

第2に、一定の行政目的を実現するためにする行為であること。

第3に、特定の者に一定の作為または不作為を求める行為であること。

第４に、指導・勧告、助言その他の行為であって、処分に該当しない行為であること。

2）行政行為の一般原則は相手の任意の協力

そして、行政指導に携わる者に対しては、次の３つの一般原則が規定されている（**行政手続法32条1項・2項**）。

①いやしくも、行政機関の任務または所掌事務の範囲を逸脱してはならないことに留意しなければならない。

②行政指導の内容があくまでも相手方の任意の協力によってのみ実現されるものであることに留意しなければならない。

これは、行政指導が事実行為であり、**同法2条2号**の処分に該当しない以上、任意的な行為しか許されないことの当然の帰結である。なお、事実行為とは、例えば、「燃えないゴミは木曜日に出すこと」というように、権利義務が変動（発生・変更・消滅）しない行為をいう。

③その相手方が行政指導に従わなかったことを理由として、不利益な取扱いをしてはならない。

これは、かかる不利益な取扱いが許されるならば、指導を黙示的に強制することになり、法治主義の原則に反するおそれがあるからである。

3）労働基準監督官の職務権限逸脱は刑法の「職権濫用罪」を構成する

⑴ 突然の調査は許されるか？

たとえば、調査・指導に名を借りて、監督官が会社の営業時間中、会社の責任者に許可を得ることなく勝手に会社へ上がり込み、顧客情報があふれる事務所内を歩き回り、社長の制止を振り切り、会社の事務所内で大声を上げ、演説するような行為は許されるのだろうか。

労働基準監督官の権限として、**労基法101条**に「**労働基準監督官は、事業場、寄宿舎その他の附属建築物に臨検し、帳簿及び書類の提出を求め、又は使用者若しくは労働者に対して尋問を行うことができる**」との定めがある。

強制力を伴う刑事手続においてさえ、**憲法31条**に定められた**適正手続の原則**が適用され、**憲法35条**により、緊急性がある場合を除き、令状なしで何人も住居（事務所も解釈上、住居に含まれる）に侵入されることがないことを保障されている。ましてや、相手方の任意の協力が原則の行政調査の一環において、一監督官が強引に会社の敷地に立入ることはできようはずがない。

(2) 調査は監督官の裁量でできるのか？

しかし、監督官の**臨検調査は行政調査**であり、法律の施行に必要な限度で行われるものであるが、それは監督官の裁量で行いうるもので、その方法は無定型であって、**強制捜査**と異なるという論があるならば、以下、反駁する論もある。

行政調査すなわち強制力を伴わない**任意捜査**は、一般に重大性、捜査の緊急性、必要性に比例した限度内で相当な方法によらなければならない。また、相手の承諾があれば、相手方の法益を制限する捜査も原則としては認められるが、この承諾が相手方の真意に出たものでなければならない、ともされている。

したがって、こうした事情がなく行われた調査は、違法ということになり、違法捜査の相手方から損害賠償を求められたり、あるいは、違法な職務執行として懲戒処分の対象となることがあるのは当然であるし、違法捜査の内容によっては、監督官が公務員職権濫用罪に問われる場合もある。

たとえば、労働基準監督官が、退職労働者からの申告を受け、是正勧告された残業代支払いの請求に関して、会社は労使に争いのない残業代の支払いをするなどの是正措置を講じ、作成した是正報告書を監督署に提出したところ、受理されたとしよう。この事案は、タイムカードの打刻時刻により2年間遡って労働者から支払いを請求された会社が、本当に残業をしたのかどうか同僚や上司からの聞き取り調査を含め調査し、実際に労働していた時間分の賃金、並びに、残業したか否か定かでない時間については、当該労働者の賃金の3分の2の金額を、既に支払ったというものであった。

その金額は、監督官が計算した額よりは少なくなったが、会社としては、是正済みとして、労働基準監督署に是正報告書を提出している。

それにもかかわらず、監督官は、「自分が計算した通りの残業代を支払え」と、差額の支払いを促すため、再三電話をかけてきたり、会社に訪ねている。

ある日も、調査と称し、監督官が勤務時間中に突然やってきて、許可なく会社に入室し、社長が制したにも拘わらず、監督官が執務室において大きな声で説明を始めた。そうすることができる根拠は、**労基法101条**であると、頑として譲らない。

こうした行為は、会社への立ち入り調査として、本当に適正なのだろうか。果たして、重大性、捜査の緊急性、必要性に比例した限度内で相当な方法なのかを検証してみたい。

⑶ 調査における重大性・捜査の緊急性・必要性

まず、この案件が過去の残業代支払いという民事の性質を有し、ゆえに民事不介入の原則をよそに、会社の営業時間内に仕事を中断させてまで、説明しなければならない重大性、緊急性があるとは認められない事案である。したがって、重大性・緊急性につき、監督官の違法性は阻却されない。

次に、社会通念上、本件内容が会社の事務所内で大声を上げて説明しなければならないモノではない。したがって、方法の相当性につき、監督官の行った方法は相当ではなく、違法性は阻却されない。

最後に当該事案に関しては、是正勧告につき、既に労働基準法上、解決をしている内容であること、つまり、すでに是正報告書が提出されており、それに基づき未払い残業代が支払われていることからすると、これは民事の内容であるため、監督官が遡及是正して残業代を支払えと強要する行為は職務権限を超えており、必要性に関する違法性は阻却されない。

したがって、このような場合には、まず、電話で用件を済ますことが適切であると考える。百歩譲って、事業場の立ち入りをするにしても、事前に連絡を入れ、会社の都合を聞いてから、訪問すべき事案であったと解される。

よって、こうした監督官の会社への立ち入り行為は違法であり、場合によっては、**公務員職権濫用罪**（**刑法193条**）を構成するものと解される。もっとも、監督官が、正当な目的のもとに事業主の承諾を得て行う行為は、違法性が阻却されて、本罪を構成しない。しかし、違法な目的なもとに、事業主の承諾を得ても違法性は阻却しないのである。

そこで、先の事例における監督官の立ち入りの目的を判断するに、退職した元従業員の、既に労働基準法上、解決した未払い残業代請求につき、民事の部分を労働者の主張により支払えという説明に訪れたものである。当該監督官の説明内容は、民事不介入の原則を逸脱しており、これは正当な目的のもとに行われた行為であるとはいえない。

26 役員と申告権

山田五郎の応援団長とでもいうべく、正義のテミスが口を開いた。

「あなたの主張を聞いていると、労働基準監督官は何もできないということになるわよね。」

私は言った。

「できるとか、できないとかの話ではありません。実際に監督官は会社に2年遡っておよそ840万円もの未払い賃金があると、株式会社カイソウに支払いを命令するんでしょ。それなら、その根拠を教えて下さいと言っているんですよ。そもそも、本件は会社と山田五郎との民事上の問題であるわけですよ。私は、監督官は株式会社カイソウに対して中立公正な対応をしてもらいたいと言っているんですよ。行政指導はあくまで任意の協力によって実現されるべきものですから。」

佐藤監督官は言った。

「じゃあ、協力はしないということなんですか？」

「いや、私は協力しないと言っていません。会社はちゃんと協力します。ただ、行き過ぎた行政指導はやめてもらいたいと言っているんです。」

佐藤江梨子労働基準監督官は、

「これ以上あなたと議論しても意味はないわ。悪いんだけど、この後来客があるの。株式会社カイソウの件は、署長と話してみるわ。」

と言って、回転椅子を回しそっぽを向いてしまった。もう帰れという合図らしい。監督官は、この手のサゼスチョンをよくするものだ。

しかし、私はひるむことなく、佐藤監督官の背中に向けて大きな声で言い放った。

「佐藤監督官、ご存じですか？」

佐藤監督官は私の方に振り向きながら言った。

「何を？」

「山田五郎さんは、カイソウの常務取締役だということを……」

「えっ？　それって本当なの？」

「本当ですよ。」

「私は山田さんからそんな話は聞いていませんよ。」

佐藤監督官にしてみれば、それは聞き捨てならない情報だ。

「そもそも、彼は取締役なんだから監督署に未払い残業代を払ってくれるよう、カイソウに対して行政指導してもらいたいなどと、労働基準監督署に申告すること自体、出来ないはずです。」

佐藤監督官はむきになった。

「河野さんねぇ。取締役といっても**労働者性の部分**はあるんじゃないんですか?」

私は眩しげに佐藤監督官を見つめながら言った。

「そうですよ。でも、彼は労働者ではないですよ。」

佐藤監督官は額にかかった前髪を乱暴にかきあげながら、こう言った。

「じゃあ、あなたは山田五郎さんが取締役であるから、労基法の労働者ではないというのね。ではお尋ねするわ。」

「どうぞ。」

佐藤監督官は矢継ぎ早に言葉をつづけた。

「山田五郎の**取締役就任の経緯、山田五郎の会社における地位、定款上の業務執行権限の有無、取締役としての執行の具体的内容、拘束性の有無及びその内容、事業に対する対価の性質及び額などの事情、会社の実質的な指揮監督関係ないし従属関係に服していたか否かということ**ね。そこでまず、山田五郎が取締役に就任した経緯を教えてもらえるかしら?」

私は説明した。

「山田五郎はかつて居酒屋を経営していましたが、経営が悪化したため店をたたむことになりました。そんなおり、彼は客として来店していた不動産会社社長のAに出会い、現在の窮状を話したところ、Aさんが株式会社カイソウに山田五郎を紹介したということなんです。」

佐藤監督官は小さく頷きながら、

「そうなの、山田さんはそのAさんの紹介で株式会社カイソウに入社したということなのね。」

「A社長は高田孝一と大学時代の同級生だったそうですよ。そんな関係から、山田五郎は、カイソウの従業員として営業部などの業務を行っていたところ、カイソウの社長高田孝一に営業の手腕を評価され、平成〇〇年〇月〇日に常務取締役に就任したということです。」

「報酬はどうなの？」

察するところ、監督官は山田五郎の報酬が**労基法11条**の「賃金」ではないかと疑っているようなのだ。**労基法11条**は「**賃金とは、賃金、給料、手当、賞与その他名称の如何を問わず労働の対象として使用者が労働者に支払うものをいう**」と規定している。

つまり、使用者が労働者に対して支払うものであって、労働の対償であれば、名称のいかんにかかわらず「賃金」である。この場合の「**労働の対償**」とは、結局「労働者が使用者の指揮監督の下で行う労働に対して支払うものというべきものであるから、報酬が

「賃金」であるか否かによって、**使用従属性**を判断することはできない。

しかし、報酬が時間給を基礎として計算される等労働の結果による較差が少なく欠勤した場合には応分の報酬が控除され、いわゆる残業をした場合には通常の報酬とは別の手当が支給される等報酬の性格が使用者の指揮監督下に一定時間労務を提供していることに対する対価と判断される場合には、**労基法11条**の賃金となるのではないか。佐藤監督官はこのように考えているようだ。

「佐藤監督官、山田五郎の報酬は賃金ではなく役員報酬として支払われているんですよ。彼の報酬は、一般の労働者のような欠勤控除もしていません。それに彼の報酬は時間給で計算されてもいませんしね……。彼は時間外労働手当を請求していますが、取締役ですから、時間外労働手当は請求できないはずです。」

と言いながら、私はカバンから取り出した株式会社カイソウの定款を、監督官の、机の上に置いた。

定款には、こう書かれていた。

「**代表取締役である社長は、会社の業務を統括し、専務取締役及び常務取締役は社長を補佐し、定められた事務分掌を処理し、日常業務の執行に当たる**」

佐藤監督官は、私の話を聞きながら、思案深げな顔をして、その定款に視線を落としていた。

「なるほどね。定款によれば専務取締役又は常務取締役として、少なくとも定款に定められた限度においては業務執行権を有していくことが認められるわけね。」

「そうでしょう。監督官！」

佐藤監督官は言った。

「取締役としての、具体的な業務の内容はどうなのかしら？」

「部下が作成した書類の決裁を行い、時としては現場を巡回したりすることはあるようです。30名以上の従業員が在籍する会社において営業部を統括し、営業部の事業方針につき、広範な裁量権を持っていて、その営業方針や業務内容を決定したり、従業員の指揮監督をする立場にありましたね。彼はね。」

「社長からの、指示を受けることはないのかしら？」

「社長から山田五郎の担当する営業部については、個別具体的な指示を受けることはないですね。」

「つまり山田五郎は、社長に対して営業活動の具体的な内容について、相談することはなかったというのね。」

「そのとおりですね。山田五郎は自由裁量の下で、取締役として執務をしていて、営業部の業務を実際に行うことはないです。単に営業部を掌握していたにすぎません。」

さらに私は熱っぽく言葉を吐いた。

「山田五郎は、経営判断に関わる重要な意思決定の構成員として、月1回開かれる役員会や各事業部の売り上げや取り組みを協議する会、また、各週ごとに行われる役員会で取り上げる議題や社内問題を協議する会、等にも出席しています。」

佐藤監督官は、相変わらず魅惑的な眼差しを私に向けながら微笑んだ。真正面から向き合って彼女と話していると、どういうわけか胸が騒ぐ。

(俺としたことが、このざまは何だ……)

私は自分を戒めてみるが、どうにも制御できない感情の昂りを覚えながら口を開く。

「株式会社カイソウは、山田五郎の勤務時間の管理はしていません。だから山田五郎は就業規則の適用も受けませんし、出社時刻のみタイムカードに打刻し、退勤の時刻を打刻することはありません。自らの裁量で執務する時間を決めていました。したがって、労働時間や休暇等の労務管理の対象とはなっていません。」

佐藤監督官は、頬に指を添えちょっと考え込むような顔をしてから、こう私に尋ねた。

「そうすると、あのタイムカードのコピーは何だったのかしら?」

私は首をかしげながら、

「ですから、今回山田五郎が提出したタイムカードは、そもそも存在するはずがないものであり、コピーのフォーマットは、会社の許可なく違法に持ち出されたもので、かつ、そこにあたかも時間外労働があったかのごとく見せかけようと、虚偽の事実を書き込みした、つまり、偽造の可能性が大です。よって、その内容は信用性がないものと思われます。」

佐藤監督官は言った。

「まあ、その点については山田五郎さんに聞くしかないわね。ところで河野さん。先ほどの山田五郎さんの報酬の件なんだけれど、具体的にはどうなっているのかしら……」

「山田五郎は、株式会社カイソウから定額の報酬として、平成〇〇年〇月〇日より前は、月額75万円、同月以降は、月額１００万円を受領しています。この報酬額は、社長の報酬より高い金額です。」

「社長の報酬はいくらなの？」

「75万円ですね。」

私は小さく頷いた。

「そうですね。それにしても山田五郎の報酬は欠勤や勤務時間によって左右されるものではありません。したがって、勤務時間に対応して決められるものではないんです。」

ここで私は一息入れて言葉をつなぐ。

「以上の諸状況を総合的に考慮すれば、山田五郎は**会社の指揮監督下で労働を提供し、労働の対価として賃金たる報酬を受け取る立場**にはなく、会社の実質的な指揮監督関係ないし従属関係に服す従業員としての実質を有するものであったとは認められないものと判断せざるを得ません。したがって、山田五郎は労働基準法の保護を受けるべき労働者ではありません。」

私は熱っぽく佐藤江梨子労働基準監督官に対して説得したものの、返事はすぐには聞かれなかった。

「どうなんですか？　まだ監督官からのお返事をいただいておりませんが……」

私は、返事を急かせた。そして、私はこう言った。

「山田五郎を、署に呼んでもらえませんかね？」

しばらく考え込んでいた佐藤江梨子監督官は、やがてきっぱりと答えた。

「山田五郎さんが社長から指示を受けることはなく自由裁量の下で取締役として執務していたのかどうかは、彼自身を署に呼んで聞いてみましょう。そのうえで、河野さんに連絡します。」

「わかりました。よろしくお願いします。」

私は一礼をしてから監督署を出た。

「ずいぶん手間を取らせるもんだよな。まったく……」

私は幾分、疲労感を覚えながら事務所へ戻った。

27 申告行政の顛末

それから、2週間後のことである。

佐藤江梨子労働基準監督官から、私に対して電話がかかってきた。

佐藤監督官の、慇懃な声が受話器に響いた。

「河野さん。実はね。あれから、山田五郎さんが監督署に来て、会社と和解ができたので申告は取り下げるということなの。だからこの件は一件落着。あなたとの勝負はお預けということね。」

と、何が面白いのか高笑いしながら、彼女は一方的に受話器を置いた。

後日、高田社長から話を聞いたところ、実際のところ、山田五郎は監督署に呼ばれ、佐藤江梨子監督官に事情を告げたのだが、山田の労働者性は認められなかった。そこで、佐藤監督官は、山田五郎に対して申告の理由はないからと、取り下げを迫ったそうだ。その結果、山田は渋々、申告を取り下げたと、佐藤江梨子監督官はさも自分の手柄のように恩着せがましく高田社長に語ったということだ。

一方的にしゃべり、電話を切った佐藤監督官の心情が見て取れた。美しい花には毒がある。彼女が名実ともにテミスになるには、まだ相当な時間がかかりそうだと思った。

（注）本ドキュメント４部作は、当職が実際に手がけた事件に基づいて構成したものです。社会保険労務士の職務上の義務を侵すことのないよう、登場人物、状況設定、関係する固有名詞はすべて変えてあります。したがって、実在の事件、人物等とは一切関係ありません。万一本稿の筋書きに事実と符合することがあったとしても、それは偶然の一致に過ぎず、不可抗力によるものであり、なんらの法律関係が発生しないことを念のため申し上げておきます。

索　引

判例索引

【著者紹介】

河野　順一（こうの　じゅんいち）――――――――――――――――■

日本橋中央労務管理事務所所長、東京法令学院長、NPO 法人個別労使紛争処理センター会長、社会保険労務士、行政書士。

法務コンサルタントとして銀行など各企業を対象に、幅広く経営全般にかかる指導業務を行っている。また、複雑な法律問題を身近な事例に置き換えてやさしく解説する理論家として評判になり、法律解釈をテーマとした講演も行う。

現在、社会保険労務士を主な対象にした司法研修を全国各地で行い、好評を博している。「就業規則の作成セミナー」「残業代請求と、是正勧告の現状・問題点・解決策まで」はつとに有名であり、3日間の集中講義を何度も聴講するリピーターが多い。上記セミナーは、東京、大阪などで、それぞれ年1～2回開講している。

●主な著書

『労働基準監督署があなたの会社を狙っている』（LABO・弁護士会館ブックセンター出版部）、『ドキュメント社会保険労務士』、『社会保険労務士のための要件事実入門』（日本評論社）、『労働法を学ぶための「法学」講義』、『労働基準監督期間の役割と是正勧告』、『労働災害・通勤災害の認定の理論と実際』、『是正勧告の実務対策』、『労働法を学ぶための「要件事実」講義』（共著）（以上、中央経済社）、『労務トラブル 50』（清文社）、『負けず嫌いの哲学』（実務教育出版）、『残業代支払い倒産から会社を守るならこの1冊』、『給与計算するならこの1冊』、『労働災害・通勤災害のことならこの1冊』、『労働法のことならこの1冊』（以上、自由国民社）
『不当な残業代支払い請求から会社を守る就業規則』、『時間外労働と残業代請求をめぐる諸問題』、『労務管理の理論と実際』、『労働法を理解するための基本三法（憲法、民法、刑法）』（以上、経営書院）ほか多数。

どんとこい！　労働基準監督署

2020年11月6日　第1刷発行
2021年1月20日　第2刷発行
著　者　河野順一
発行人　大杉　剛
発行所　株式会社 風詠社
〒553-0001 大阪市福島区海老江5-2-2
大拓ビル5-7階
TEL 06（6136）8657 https://fueisha.com/
発売元　株式会社 星雲社
（共同出版社・流通責任出版社）
〒112-0005 東京都文京区水道1-3-30
TEL 03（3868）3275
装幀　2DAY
印刷・製本　シナノ印刷株式会社

ISBN978-4-434-28188-4 C2034